Inhalt

Silke Gugenberger-Wachtler

Ruediger Dahlke | Dr.med. Helmut B. Retzek

Gesundheit aufs Brot

Pflanzliche Aufstriche:
Vegan, raffiniert und vollwertig genießen

WINDPFERD

3. Auflage 2025
ISBN 978-3-86410-200-4

Umschlaggestaltung: Jenny Jünemann | www.bitdifferent.de
unter Verwendung einer Illustration von: swavo@123rf.de
Fotos: Silke Gugenberger-Wachtler
Fotos auf den Seiten 20, 34, 38, 40: 123rf:
Lektorat: Sylvia Luetjohann
Layout und Satz: Marx Grafik & ArtWork
Druck und Bindung: Druckhaus Sportflieger, Berlin

MIX
Papier | Fördert gute Waldnutzung
FSC® C019821

www.windpferd.de
Bei Fragen und Anmerkungen zum Produkt
wenden Sie sich bitte an: info@windpferd.de
Gutenbergstr. 33, 50823 Köln

Für Fabian

Vorwort
von Dr. Ruediger Dahlke

Die Autorin beschreibt ihre beeindruckende Krankengeschichte, bei der sie wenig ausgelassen hat – bis hin zu schulmedizinisch hoffnungslosem Krebs. Sie steigt nach Operation und Chemotherapie aus dem Konzept der Schulmedizin aus, das ihr nicht nachhaltig hilft, sondern sie quält und schwächt. Als – wie so oft – der Krebs nach einer ersten scheinbar gewonnenen Schlacht wieder auftaucht, gewinnt sie den Krieg auf eher sanfte Art: mit einer Besinnung auf den Sinn dieser Krankheitserfahrung und einer Ernährungsumstellung auf pflanzlich-vollwertige Kost.

Der Gedanke an eine Einweihungskrankheit wie in schamanischen Kulturen drängt sich geradezu auf. Es ist in ihren eigenen Worten die pflanzlich-vollwertige Kost, die sie wie Phönix aus der Asche wieder zur Gesundheit aufsteigen lässt, um anschließend das selbst erlebte Heilungsgeschehen nicht nur mit anderen zu teilen, sondern für andere Betroffene auch hilfreich zu nutzen. So weiht uns Silke Gugenberger-Wachtler nun ihrerseits in die Kunst gesunden Brotes und entsprechender Aufstriche ein.

Und das ist nicht irgendein beliebiger Ansatzpunkt. „Unser täglich Brot“ ist zumindest im deutsch-sprachigen Bereich nicht nur eine biblische, sondern eine geradezu heilige Angelegenheit. Wir haben hierzulande eine regelrechte Brot-Kultur, oder anders ausgedrückt: Brot ist Kult, längst mehr und verbindlicher als die Bibel selbst. Es heißt eben nicht „Gib uns unser täglich Fleisch“, sondern ausdrücklich „unser täglich Brot“. Auf Fleisch verzichten inzwischen schon wachsende Teile der Bevölkerung aus gesundheitlichen, humanitären, ökologischen und tierfreundlichen Gründen. Immerhin 17 % der jungen Frauen zwischen 19 und 39 waren 2016 in Österreich bereits Veganerinnen. Das beklagte jedenfalls larmoyant der ORF, der öffentlich-rechtliche österreichische Rundfunk, der eigentlich unparteiisch sein sollte.

Aber Brot, das ist doch noch einmal etwas ganz anderes. Nur – ist unser Brot noch so gut, wie es einmal war? Tatsächlich erlaubt die EU, dem täglichen Brot über 1000 Chemikalien beizumischen, ohne dieselben deklarieren zu müssen; darunter sind Stoffe, die lediglich das Reinigen der Backmaschinen erleichtern. Was immer an Scheußlichkeiten heute ins Essen gemischt werden, ausgerechnet in unserem täglichen Brot braucht nichts deklariert zu werden.

Als ich „Geheimnis der Lebensenergie" schrieb, fiel es mir beim Thema Brot wie Schuppen von den Augen, wie industriefreundlich und verbraucherfeindlich die Bestimmungen inzwischen sind. Das heutige Brot hat mit dem Brot der frühen Jahre, das Christus brach, nicht mehr das Geringste zu tun. Das damalige Getreide Einkorn hatte 16 Chromosomen, der heutige Hartweizen hat 46. Zum Vergleich, der Schimpanse unterscheidet sich genetisch vom Menschen durch nicht einmal 2 % der Chromosomen. Obendrein ist modernes Brot ein Getreideprodukt voller Gluten, dem Weizenkleber, den viele durchaus nicht vertragen.

Aber auch für diesen Um- beziehungsweise Missstand hat die Autorin wundervolle Antworten in Gestalt gesunder Brot-Rezepte, die auf die vielen erlaubten Unsäglichkeiten wie auch auf Gluten verzichten und dazu anregen, ein ehrliches, sauberes, kostbares Brot selbst zu backen – ein Ritual, das weit über gesundheitliche Belange hinausgeht und uns mit unserem Urgrund verbinden und versöhnen kann.

Zur Höchstform läuft Silke Gugenberger-Wachtler bei ihren Aufstrichen auf, um die sich ihr Buch vor allem dreht. Sie nimmt uns diesbezüglich bei der Hand und schenkt uns Rezepte nicht nur kostbarer, sondern köstlicher Art, die wir mit Achtsamkeit selbst zubereiten und so mit wachsender Bewusstheit essen können, anstatt uns unbewusst alle möglichen Scheußlichkeiten aufs Brot zu schmieren beziehungsweise schmieren zu lassen.

In Zukunft kann die Kunst des Brotes und der passenden individuellen Lieblingsaufstriche kulinarische Triumphe feiern und dem Tag den notwendigen Rahmen geben. Immerhin beginnen die meisten Menschen bei uns ihren Tag am Morgen mit dem Frühstück und das bedeutet ein Stück Brot, auf das sie sich süße Köstlichkeiten streichen, und sie beenden ihn abends wieder mit Brot, auf das sie sich Herzhaftes wünschen. Beides bietet das Buch überzeugend und schmackhaft und auf wundervoll gesundem Niveau.

Die Aufstriche von Silke Gugenberger-Wachtler können uns die Tage am Morgen versüßen und die Nächte am Abend herzhaft vertiefen. So wird jeder Tag mit „Gesundheit aufs Brot“ einen würdigen und manchmal würzigen Rahmen bekommen – auf dass es ein guter Tag werde.

Ruediger Dahlke (www.dahlke.at)
TamanGa, im November 2018

Stimme zum Buch
von Dr. Helmut Retzek

Silkes Buch ist eine Eröffnung und ein Aha-Erlebnis: Rohkost-Brot, Rosa-Brot, Kurkuma-Karotten-Aufstrich, Kräuter-Frischkäse, Cashew-Kartoffelkas, Bohnencreme und vieles mehr – alles angefertigt mit Lebensmitteln und Gewürzen, die wir bei allen Experten der Ernährungsmedizin als „Heiler" kennengelernt haben. Wie frustrierend ist es oft in der Praxis, den Patienten das Fleisch des armen Mannes (Linsen, Bohnen) schmackhaft zu machen, wohl wissend, dass sie dieses vielleicht nur ein- oder zweimal essen, weil wir keine Rezept-Kultur dafür haben und die Patienten doch immer ihre gewohnten Speisen vorziehen. Jetzt bekommen meine Patienten Silkes Buch in die Hand mit dem Auftrag, täglich ein Rezept daraus zu probieren – und als Beweis dafür einen Strich ins Buch beim Rezept zu machen und mir das nächste Mal zu zeigen, was ihnen am besten geschmeckt und am besten getan hat.

Die interessanten Fachbücher mit dem ganzen wissenschaftlichen Hintergrund zu Silkes wundervoller Rezeptsammlung sind *Dr. Jacobs Weg des genussvollen Verzichts* und Dr. Joel Fuhrmans *Eat to live*, die beide genau diese Heiler in der Ernährung propagieren: Mikronährstoffdichte pflanzliche Lebensmittel, entzündungshemmende und vitalisierende Gewürze, fleisch- und getreidereduzierte Ernährung, vitale ganzheitliche Öle und fettlösliche Vitamine in den Samen und Nüssen.

Die Amish – eine religiöse Gruppe von Menschen mit einem sehr vergleichbaren Lebensstil in den USA – zeigen uns, was mit Ernährung möglich ist: Sich vegetarisch ernährende Amish leben um fast zehn Jahre länger als ihre fleischtigernden Brüder und Schwestern. Wenn die Vegetarier noch regelmäßig Nüsse und Samen dazu essen, dann gibt es nochmal eine um vier Jahre längere gesunde Lebenszeit. Man muss ja vielleicht nicht alles gleich perfekt machen, aber sich in die richtige Richtung zu entwickeln macht doch Sinn und Silkes Rezeptsammlung ist hier eine echte Hilfe, danke dafür!

Dr. Helmut B Retzek Ganzheitsmediziner in Vöcklabruck

Warum ein Buch über rein pflanzliche Brotaufstriche?

Gesundheitliche Probleme begleiteten mich bereits mein Leben lang. Als Kind litt ich unter Pseudokrupp und war öfter dem Erstickungstod nahe. Als Heranwachsende hatte ich starke Probleme mit dem Magen, während des Studiums entwickelte ich Schuppenflechte, außerdem entdeckten die Ärzte einen Tumor an der Leber. Mit Mitte zwanzig, als ich gerade mit einer Freundin eine Werbeagentur gegründet hatte, bekam ich auf einmal Asthma. Und mit gerade einmal 31 Jahren wurde bei mir Krebs diagnostiziert: ein hochaggressives Lymphom. Laut Schulmedizin hatte ich gute Chancen, wieder ganz gesund zu werden. Ich begab mich also vertrauensvoll in die Hände der Ärzte und ließ eine große Operation über mich ergehen, worauf ein halbes Jahr Chemotherapie folgte. Danach wurde ich als geheilt entlassen. Aber nur drei Monate später, bei meiner ersten Nachuntersuchung, war der Krebs bereits wieder da. Meine Prognose verschlechterte sich schlagartig. Selbst mit schulmedizinischer Hammerkeule inklusive Hochdosis-Chemo und Stammzellentransplantation betrug die Wahrscheinlichkeit, die nächsten fünf Jahre zu überleben, nur 20 %. Für mich definitiv zu wenig!

Die Schulmedizin konnte mir also nicht helfen. Ich erkannte, dass sie nur mein Symptom (den Tumor) bekämpfte, nicht aber die Ursachen. Also entschied ich mich gegen die Schulmedizin (auch wenn ich sie zur Beobachtung meiner Fortschritte sehr wohl weiterhin in Anspruch nahm und sie ebenfalls als Backup betrachtete, sollte mein Weg nicht fruchten), obwohl mir meine Ärzte ohne schulmedizinische Behandlung den baldigen Tod innerhalb weniger Monate prophezeiten. Ich las Hunderte Studien zum Thema Krebs, Ernährung und Krebsentstehung sowie über Pflanzen, die nachweislich gegen Krebs wirken. Ich beschäftigte mich intensiv mit der Bedeutung meiner Krankheit (hier halfen mir die Bücher *Krankheit als Symbol* von Dr. Ruediger Dahlke und *Heile deinen Körper* von Louise Hay sehr weiter) und betrachtete diese nicht länger als Feind. Die Krankheit machte mich ganz und zeigte mir, wo mein seelisches Defizit lag. *Ich musste nur bereit sein, das, was die Krankheit mir brachte, auch ohne Krankheit einzufordern, und das, wozu sie mich zwang, freiwillig zu tun.* Ich fing an, mein Denken und Fühlen zu beobachten, zu meditieren und mein ganzes Wesen auf *Gesundheit* auszurichten. Ich gab den Kampf gegen den Krebs auf und machte mich stattdessen auf den Weg zu meiner Gesundheit. Ich machte mich auf die Suche nach dem Sinn des Lebens, um wieder Lebenswillen zu entwickeln.

Außerdem – und für mich auch ein absoluter Schlüssel zu meiner Genesung – begann ich mich *rein pflanzlich, vollwertig und möglichst zuckerfrei* und mit einem hohen Anteil an Rohkost zu ernähren und integrierte sehr viele Nahrungsmittel mit nachgewiesener Wirkung gegen Krebs in meinen Speiseplan. Innerhalb von nur fünf Wochen schrumpfte der Tumor um über 1,5 Zentimeter. Meine Ärzte waren fassungslos. Bis der Tumor vollkommen verschwunden und auch im PET-CT nicht mehr nachweisbar war, dauerte es allerdings fast anderthalb Jahre.

Und heute? Heute bin ich vollkommen gesund und fühle mich besser als je zuvor. Meine vielfältigen anderen gesundheitlichen Probleme haben unterwegs ebenfalls ausgedient und inzwischen bin ich nicht nur meinen Lymphdrüsenkrebs los, sondern auch Schuppenflechte, Asthma und der Lebertumor (der nach der Chemotherapie 7,5 cm maß) haben ihre Schuldigkeit getan und konnten gehen.

Warum erzähle ich dir das? Aus einem einfachen Grund, der auf der Einsicht beruht: Wir müssen nicht krank sein! Dazu besteht keine zwingende Notwendigkeit. Jeder von uns hat die Macht, Körper, Geist und Seele wieder in Richtung Gesundheit auszurichten. Ich sage nicht, dass das einfach ist, aber es ist machbar. Ich möchte dir als Beispiel dienen, denn wenn ich das kann, kannst du es auch! Meiner Meinung nach stellt eine pflanzliche, vollwertige Ernährung einen großen Schritt zur Gesundheit dar. Wenn wir uns einer pflanzlichen Ernährung zuwenden, kann der Körper besser funktionieren, besser entgiften und Entzündungen besser bekämpfen, muss weniger Müll, Schwermetalle und Abfall beseitigen, wird nicht mit Leichen- und Verwesungsgiften konfrontiert, nicht mit Wachstums-, Schwangerschafts- und Stillhormonen bombardiert. Er muss sich nicht mit tierischen Fetten und Eiweißen auseinandersetzen, die beide in wissenschaftlichen Studien mit zahlreichen Krankheiten in Verbindung gebracht werden. Stresshormone, die die Tiere im Todeskampf und bereits davor ausschütten, müssen nicht mehr in den Körper integriert werden. Er bekommt im Gegensatz dazu alles, was er braucht, um gesunden zu können: Unmengen an wertvollen Vitaminen, Enzymen, Spurenelementen, Mineralstoffen, Ballaststoffen, Antioxidantien, wertvollen sekundären Pflanzenstoffen, Eiweißen, Fetten und komplexen Kohlenhydraten. Einzige Ausnahme ist Vitamin B_{12}, das bei einer rein pflanzlichen Ernährung supplementiert werden sollte.

Mit jeder pflanzlichen Mahlzeit versorgen wir unseren Körper mit reiner Pflanzen- und Lebenskraft, was wiederum unsere Abwehrkräfte massiv steigert, den meisten Zivilisationskrankheiten wie Krebs, Schlaganfall, Herz-Kreislauf-Erkrankungen oder Diabetes vorbeugt und Übergewicht entgegenwirkt. Es wäre doch schade, wenn wir nicht versuchen würden, bei jeder Mahlzeit das Maximum an Gesundheit für unseren Körper herauszuholen.

Seit meiner heilsamen Erfahrung möchte ich mein Wissen weitergeben. Ich möchte Menschen helfen, ihre persönliche Gesundheit zu verbessern und ein glücklicheres, freieres und vor allem gesünderes Leben zu führen. Nachdem viele von uns gerne und oft Brot essen – meiner Meinung nach aber mit dem komplett falschen Belag –, setze ich nun bei unserem täglichen Brot an.

Die meisten Menschen lieben Brot. Der Duft von frisch gebackenem Brot lässt uns sogleich das Wasser im Mund zusammenlaufen. Wo es so gut duftet, fühlen wir uns sofort heimisch und wohl.

Der durchschnittliche Deutsche und Österreicher isst fast zweimal täglich Brot: Entweder schon zum Frühstück oder zur sogenannten Brotzeit – die in Österreich schlicht Jause heißt – und auch abends zum „Abendbrot" erfreut sich das belegte Brot großer Beliebtheit.

Womit belegen wir aber die köstlichen Brotlaibe? Meist kommen hier ziemlich fette tierische Produkte zum Einsatz, vollgepackt mit schädlichen Zusatzstoffen, angefangen beim Pökelsalz, über Konservierungsmittel und Geschmacksverstärker bis hin zu gesundheitlich bedenklichen Farbstoffen. Die WHO (Weltgesundheitsorganisation) stuft verarbeitetes rotes Fleisch (also Wurstwaren, Schinken, Salami und Co.) als genauso krebserregend ein wie Asbest und Tabakrauch. Aber auch unverarbeitetes rotes Fleisch wird als wahrscheinlich krebserregend angesehen. Selbst vermeintlich gesunde Milchpro-

dukte wie Käse bergen ein gewisses Gesundheitsrisiko. So konnte etwa im Tierversuch gezeigt werden, dass Casein, das Milcheiweiß, das Wachstum von Krebszellen stark anregt[1]. Auch die enthaltenen bovinen Wachstumshormone stimulieren das Krebswachstum und regen zudem auch die Bildung von körpereigenen Wachstumshormonen an, was wiederum zusätzlich Krebswachstum befeuert. Auch sind Wurst- und Milchprodukte meist arm an Vitaminen, Enzymen, Ballaststoffen und vor allem an den so wertvollen sekundären Pflanzenstoffen. Mit jeder Fleisch- oder Milchmahlzeit bringst du dich um die immensen gesundheitlichen Vorteile, die Pflanzenkost einfach mit sich bringt.
Süße Aufstriche, die oft als Alternative für Tierisches herhalten, sind ebenfalls nicht gerade gesund: Herkömmliche süße Aufstriche wie Marmelade, Nutella und Co. überschütten unseren Körper mit Unmengen an Zucker, der weder unseren Zähnen noch unseren Bauchspeicheldrüsen, inneren Organen und Abwehrkräften gut tut und zudem das Wachstum von Krebszellen, Bakterien und Pilzen fördert. Nuss-Nougat-Aufstriche beinhalten zudem riesige Mengen an ungesunden Fetten, was weder für unsere Leber noch für unsere Gefäße und damit letztlich unsere Herzgesundheit förderlich ist.

Für unsere Gesundheit ist es sinnvoll, sich so oft wie möglich Gesundheit aufs Brot zu streichen – und zwar am besten in Form dieser 39 delikaten Rezepte für Brote und Brotaufstriche von deftig bis süß, die deinen Gaumen erfreuen und deinen Körper mit einem Mehr an Vitaminen, Enzymen, Spurenelementen, Fettsäuren, Mineral-, Ballast- und sekundären Pflanzenstoffen versorgen. Wenn du dein belegtes Brot nun noch mit einem leckeren Salat oder frischem Obst und Gemüse kombinierst, profitierst du noch mehr von der geballten Kraft der Pflanzen. So kannst du ohne Reue genießen. Probiere es aus und ich verspreche dir, der Geschmack kommt sicher nicht zu kurz! Zudem lege ich großen Wert auf unkomplizierte Rezepte, die man schnell und einfach zubereiten kann, sodass auch ungeübte Köche kulinarisch glänzen können. Schnell, unkompliziert und dennoch unglaublich lecker ist hier die Devise!

Pflanzen sind gesund

Länger leben dank Pflanzenkraft

Obst und Gemüse stellen die Ur-Nahrung des Menschen dar. Sie sind die besten und gesündesten Nahrungsmittel, die es für uns Menschen gibt. Je mehr Gemüse eine Bevölkerungsgruppe verzehrt, umso niedriger ist beispielsweise deren Krebsrate. Geschichtlich gesehen hatten und haben gerade die Bevölkerungsgruppen mit dem höchsten Gemüse- und Obstanteil in der Nahrung auch die höchste Lebenserwartung, wie etwa die Japaner in Okinawa. Dort leben die meisten Hundertjährigen weltweit, was viele auf die Ernährungsgewohnheiten der Bewohner zurückführen. Die Bewohner Okinawas essen traditionell viel Obst und Gemüse und wenig Fleisch, Fisch, Milchprodukte und Eier. Die Ernährung ist fettarm, dafür kohlehydratreich. Leider reduziert sich die Lebenserwartung mittlerweile auch in Okinawa mit dem Einzug der westlichen Ernährungsweise, die reich an Fleisch, Milch, Eiern und Fisch ist.

Generell belegen viele verschiedene Studien einen Zusammenhang zwischen pflanzlicher Nahrung und einer höheren Lebenserwartung und Gesundheit. Mindestens ebenso viele Studien legen auch einen Zusammenhang zwischen tierischer Nahrung und unseren sogenannten Zivilisationskrankheiten wie Krebs, Herz-Kreislauferkrankungen, Multiple Sklerose, Demenz, Alzheimer, Asthma, Neurodermitis, Diabetes und Co. nahe.

Ich möchte hier kurz eine Studie[2] der *Harvard Medical School* vom Oktober 2016 aufgreifen, bei der 130.000 Menschen, die im Schnitt 49 Jahre alt waren, bis zu 32 Jahre lang von Wissenschaftlern begleitet wurden. Dabei wurden im Abstand von zwei Jahren Fragebögen zu Ernährung, Lebensstil und Gesundheitszustand beantwortet. Es zeigte sich, dass die Probanden durchschnittlich 14 % ihrer täglichen Kalorienmenge über tierische Proteine und nur ca. 4 % über pflanzliche Proteine deckten. Nicht verwunderlich also, dass in der ganzen Studienzeit insgesamt 36.115 der Teilnehmer starben. Die Nummer eins der Todesursachen war

erwartungsgemäß Krebs mit 13.159 Todesfällen, gefolgt von Herz-Kreislauf-Erkrankungen mit 8.851 Todesfällen. Erhöhte sich bei den Testpersonen der Anteil an tierischem Eiweiß, der ohnehin schon extrem hoch war, um weitere 10 %, erhöhte sich auch das Risiko, während der Studienzeit zu sterben, um 2 %. Sieht man sich nur das Risiko an, in diesem Fall an einer Herz-Kreislauf-Erkrankung zu sterben, stieg dieses sogar um 8 %.

Ganz im Gegensatz dazu führte jedoch eine *Erhöhung des Anteils an Kalorien aus pflanzlichem Eiweiß* um nur 3 % zu einer *Senkung der Sterblichkeit während der Studie um 10 %.* Rein auf Herz-Kreislauf-Erkrankungen bezogen sank die Sterblichkeit sogar um 12 %.

Laut der Studie haben also Menschen, die mehr tierisches Eiweiß aufnehmen, ein höheres Risiko, frühzeitig zu sterben. Im Gegensatz dazu leben Menschen mit einem höheren Anteil an pflanzlichem Eiweiß länger und haben eine höhere Chance, gesund alt zu werden.

In einer weiteren Studie[3] aus dem Jahre 2013 verglichen Forscher der *Loma Linda University* in den USA die Ernährungsgewohnheiten von 73.308 Menschen einer relativ homogenen Gruppe, den Siebenten-Tags-Adventisten. Sie alle befolgten, abgesehen von der Ernährungsweise, ähnliche Lebensstile. Dabei fanden die Wissenschaftler heraus, dass das Risiko, während des Untersuchungszeitraums zu sterben, bei Pesco-Vegetariern (also Vegetariern, die auch Fisch essen) um 19 %, das von Veganern um 15 % und das von Vegetariern um 9 % niedriger war als bei Fleischessern. Wobei die Studienautoren auch anmerkten, dass die Fleischesser in dieser Studie relativ wenig Fleisch aßen verglichen mit der amerikanischen Standardernährung und dass der Studienzeitraum mit sechs Jahren eher kurz war und sich zu erwartende, langfristig positive Effekte einer pflanzlichen Ernährung erst später zeigen würden.

2014 kam eine weitere Übersichtsstudie[4] an der *Loma Linda University* in den USA zu einem noch klareren gesundheitlichen Vorteil für Pflanzenesser. Dabei wurden drei große Studien an Siebenten-Tags-Adventisten ausgewertet, unter anderem auch die zuvor erwähnte, und dabei zeigte sich, dass vegetarisch lebende Adventisten ein um 9 % niedrigeres generelles Sterberisiko hatten als fleischessende Adventisten und vegane Adventisten ein um 14 % niedrigeres

Sterberisiko. Hinzu kam ein um bis zu 68 % niedrigeres Sterberisiko für Herz-Kreislauf-Erkrankungen und Gefäßerkrankungen im Gehirn (also Schlaganfälle, zerebrovaskuläre Demenz und ähnliche Symptome) für Vegetarier und Veganer sowie ein um 8 % niedrigeres Risiko, an Krebs zu sterben, für Vegetarier und ein um 14 % niedrigeres Risiko für Veganer, an Krebs zu sterben. Veganer hatten zudem zusätzlich noch ein geringeres Risiko für Übergewicht, Typ-2-Diabetes, Bluthochdruck und Herz-Kreislauf-Erkrankungen als Vegetarier, die wiederum deutlich besser abschnitten als Fleischesser.

Wie Dr. Retzek eingangs bereits erwähnte, leben vegetarische Amish, die regelmäßig Nüsse und Kerne verzehren, laut Studien durchschnittlich 14 Jahre länger als ihre „normalessenden" Glaubensbrüder. Im Umkehrschluss leben Fleischesser also um etwa 14 Jahre kürzer. Wusstest du, dass dies nahezu die identischen Werte sind, die Raucher kürzer leben? Raucher müssen mit ca. 13 bis 14 Jahren weniger Lebenszeit rechnen als Nichtraucher, was Fleischkonsum in etwa so gesundheitsschädlich macht wie Rauchen! Wie sieht das aber bei Veganern aus? Nachdem wir wissen, dass Veganer ein noch geringeres Sterberisiko aufweisen als Vegetarier, wäre der lebensverlängernde Vorteil einer veganen Ernährung also mit ziemlicher Wahrscheinlichkeit sogar noch größer als bei Vegetariern.

Die höhere Lebenserwartung von Menschen, die weniger Tierisches und mehr Pflanzliches zu sich nehmen, liegt auch an den vielen positiven Inhaltsstoffen, die wir in pflanzlichen Lebensmitteln finden: So enthalten sie etwa große Mengen lebenswichtiger Vitamine, Mineralstoffe und Spurenelemente. Es gibt aber noch weitere wunderbare Stoffe in Pflanzen, die mindestens ebenso wichtig sind: *sekundäre Pflanzenstoffe*, *Antioxidantien* (wobei auch Vitamine und sekundäre Pflanzenstoffe als Antioxidantien fungieren) und *Ballaststoffe*.

Sekundäre Pflanzenstoffe werden von Pflanzen aus unterschiedlichen Gründen hergestellt: So schützen sich die Pflanzen damit etwa vor Schädlingen, Krankheitserregern und UV-Licht, sie dienen zur Kommunikation untereinander und dem Anlocken von nützlichen Insekten. Sekundäre Pflanzenstoffe in der Nahrung haben aber auch einen immensen Vorteil für die Gesundheit von uns Menschen.

Sekundäre Pflanzenstoffe:

- bekämpfen Bakterien, Viren und Pilze
- regen die Produktion von entgiftenden Enzymen an und befreien unseren Körper damit auch von krebserregenden Substanzen und schädlichen Giften aus unterschiedlichen Quellen, zum Beispiel Unkrautvernichtungsmitteln wie Glyphosat
- fördern die Herzgesundheit
- fördern die Effektivität und Funktion unseres Immunsystems
- aktivieren Reparaturmechanismen für beschädigte DNA-Sequenzen und hemmen deren Verdoppelung
- helfen uns bei der Abwehr von Krankheitserregern und der Vernichtung von Krebszellen
- lösen den programmierten Zelltod von Krebszellen aus (Apoptose)
- verhindern die Bildung neuer Blutgefäße zur Versorgung von Tumoren (Anti-Angiogenese)
- wirken entzündungshemmend, schmerzstillend und heben unsere Laune
- harmonisieren Blutdruck, Cholesterinspiegel und Insulinspiegel
- fördern die Verdauung
- wirken Demenz und Alzheimer entgegen
- und noch viel mehr!

Biologisch angebautes Obst und Gemüse haben übrigens einen weitaus höheren Anteil an sekundären Pflanzenstoffen als konventionell angebautes. Da sich die Pflanzen im Bio-Landbau selbst besser vor Schädlingen, Umwelteinflüssen und Ähnlichem schützen müssen, bilden sie natürlich auch mehr sekundäre Pflanzenstoffe aus. Ganz nebenbei bemerkt ist auch der Anteil an Vitaminen, Spurenelementen und Mineralstoffen oft höher, da unter anderem die Böden nicht so ausgelaugt sind, wie dies im konventionellen Landbau oft der Fall ist.

Pflanzen enthalten zudem eine große Menge an *Antioxidantien*. Diese wirken beispielsweise

- entzündungshemmend
- bewahren uns vor Zellschäden
- steigern unsere Lebenserwartung
- wirken der vorzeitigen Zellalterung entgegen und halten uns so jung, knackig und beweglich und
- schützen nachweislich vor verschiedenen degenerativen Erkrankungen wie beispielsweise Krebs und Herz-Kreislauf-Erkrankungen sowie Demenz.

Ebenfalls finden wir in pflanzlichen Nahrungsmitteln Ballaststoffe. *Ein regelmäßiger und reichlicher Genuss von Ballaststoffen*

- kurbelt die Verdauung an
- senkt den Cholesterinspiegel
- senkt das Risiko für eine koronare Herzkrankheit und damit auch das Risiko für einen Herzinfarkt
- senkt den Blutzuckerspiegel
- senkt das Risiko für Darmkrebs
- senkt das Risiko für Brustkrebs und
- wirkt Übergewicht entgegen.

Jedes Mal, wenn wir anstelle von Obst, Gemüse, Getreide, Hülsenfrüchten, Pilzen und Nüssen leere Kohlenhydrate ohne Nährwert (wie Weißmehl, geschälter weißer Reis, Zucker, Stärke) oder aber tierische Produkte zu uns nehmen, bringen wir uns um all die wunderbaren Vorteile, die vollwertige Pflanzen unserer Gesundheit bieten. Stattdessen überschwemmen wir unseren Körper mit krankmachenden Substanzen aus Fleisch, Fisch, Eiern und Milch, wie beispielsweise:

- verschiedene Leichengifte (in Fleisch und Fisch)
- Karzinogene (krebsauslösende Stoffe, in Fleisch, Fisch, Eiern und Milchprodukten)

- Eiter (in Milchprodukten)
- Antibiotika (in Fleisch, Fisch, Eiern und Milchprodukten)
- Wachstumshormone, die Krebszellen in ihrer Ausbreitung begünstigen (in Milchprodukten, Eiern, Fisch und Fleisch)
- Häm-Eisen (Eisen aus tierischen Produkten, dieses steht im Verdacht, Herz-Kreislauf-Erkrankungen, Diabetes und Krebserkrankungen zu fördern)
- Arachidonsäure (stark entzündungsfördernd)
- weibliche Sexual- und Schwangerschaftshormonen (in Milchprodukten)
- Stresshormone (in Fleisch, Fisch und Milch)
- Mineralstoffräuber, die Kalzium aus unseren Knochen und Zähnen lösen (in Fleisch und Milchprodukten)
- Dioxin (Milch)
- giftige Schwermetalle wie Quecksilber (Fisch)
- gefährliche Zusatzstoffe wie Pökelsalz, Konservierungs- und Farbstoffe (in Wurstwaren)

Hingegen sinkt die Wahrscheinlichkeit, im Laufe des Lebens Krebs oder eine Herz-Kreislauf-Erkrankung zu entwickeln (übrigens die Todesursachen Nummer 1 und 2 in der westlichen Welt), wenn man mehr pflanzliche Lebensmittel in seinen Speiseplan einbaut.

So schreiben etwa Dr. Gullet und seine Kollegen von der renommierten *Emory University*, USA, zum Thema Krebs: „Es gibt viele Berichte über krebsverhindernde Aktivitäten von pflanzlichen Lebensmitteln, inklusive Kreuzblütlergewächsen wie Kohl und Brokkoli, Zwiebelgewächsen wie Knoblauch und Zwiebel, Grüntee (Matcha), Zitrusfrüchten, Sojabohnen, Tomaten, Beeren und Ingwer sowie Medizinalpflanzen [...] Sekundäre Pflanzenstoffe haben großes Potenzial in der Krebsvorbeugung, weil sie sicher, günstig und oral bioverfügbar sind."[5]

Das, was du isst, bestimmt, wie alt du wirst und auch, wie gesund du deine Lebenszeit verbringen wirst. Triff die Entscheidung, was du zu dir nimmst, also bewusst und weise.

Wenn dich das Thema interessiert und du mehr darüber wissen möchtest, kann ich dir *Peace Food* von Dr. med. Ruediger Dahlke, *How not to die* von Dr. med. Michael Greger und die *China Study* von den beiden Ärzten T. Colin und Thomas M. Campbell empfehlen.

Vegan für Tier und Umwelt

Die Gründe für eine rein pflanzliche oder vegane Ernährung sind vielfältig und gehen über eigene gesundheitliche Vorteile weit hinaus. Da sich dieses Buch jedoch hauptsächlich mit den gesundheitlichen Aspekten einer pflanzlichen Ernährung beschäftigt, möchte ich nur ganz kurz auf andere Gründe eingehen. Natürlich kommt mit einer veganen Lebensweise kaum ein Tier zu Schaden. Tiere sind fühlende und soziale Wesen: Für unser Überleben ist es überhaupt nicht notwendig, ja sogar schädlich, sie unter teils desaströsen Bedingungen zu halten, anschließend über weite Strecken zu transportieren, zu töten und zu verspeisen. Wir essen mit den Tieren nicht nur deren Fleisch, sondern auch die niedrig schwingende Energie von Verwesendem sowie die Angst und Verzweiflung der Tiere mit. Wenn jemand eine tote Maus im Garten findet oder eine überfahrene Katze am Straßenrand, würde niemand von uns auf die Idee kommen, diese anzufassen, geschweige denn zu essen! Warum nicht? Zum einen, weil uns beigebracht wurde, dass tote Tiere giftig sind (Leichengifte) und zum anderen, weil uns ein natürlicher Ekel überfällt – es sei denn wir sind unser bisheriges Leben lang auf das eigenständige Erlegen von Tieren getrimmt worden, ob kulturell oder aus der Not heraus. So oder so ist dies kein natürlicher Instinkt von uns Menschen. Wenn wir tote Tiere nicht einmal anfassen wollen, wieso stecken wir sie uns dann in den Mund und essen sie?

Auch Milchkühe geben nicht freiwillig Milch. Sie müssen dazu ständig trächtig sein. Zudem sind es sehr soziale Tiere, die tagelang nach ihren Kindern schreien, die ihnen meistens sofort nach der Geburt weggenommen werden. Milchkühe sind zudem heute teilweise so hochgezüchtet, dass sie aufgrund der Größe ihrer Euter kaum noch gehen können.

Generell werden Tiere zu Nahrungszwecken meistens als Kinder oder Teenager getötet. Beispielsweise haben Milchkühe in freier Wildbahn eine Lebenserwartung von 30 Jahren. Im Milchbetrieb werden sie jedoch bereits nach 4 bis 5 Jahren (also nach einem Sechstel ihrer Lebenserwartung) zum Schlachter gebracht, da dann die Milchleistung nachlässt, aber sich mit dem Fleisch noch gutes Geld verdienen lässt. Umgerechnet auf den Menschen entspräche das einem Alter von etwa 14 Jahren.

Tierschutz ist also einer der großen Gründe für eine vegane Lebensweise, genauso wie auch Umweltschutz. Etwa 58 % der Äcker hierzulande werden für den Anbau von Tierfutter verwendet. Denn um eine Kilokalorie aus tierischer Nahrung herzustellen, benötigt man durchschnittlich etwa 7 Kilokalorien aus Pflanzen, was alles andere als effizient ist. Auch werden bei der herkömmlichen Produktion der Futterpflanzen oft schädliche Substanzen (Herbizide, Pestizide und Co.) ausgebracht, die zusammen mit der Gülle der Tiere unsere Böden, unser Grundwasser und unsere Umwelt vergiften.

Aber nicht nur pflanzliche Futtermittel werden en masse benötigt, auch Wasser wird in der Viehwirtschaft stark verbraucht. Etwa 2.488 Liter Wasser sind nötig, um ein Kilo Milch und Eier zu erwirtschaften und die Bilanz für Fleisch schaut noch schlechter aus! Durchschnittlich benötigt man für die Herstellung von 1 kg Gemüse und Früchte 425 Liter Wasser, für 1 kg Getreide und Hülsenfrüchte 1.629 Liter, für 1 kg Milchprodukte und Eier 2.488 Liter und für 1 kg Fleisch sogar 8.576 Liter Wasser. Ein einziges Kilo Steak verbraucht genauso viel Wasser wie 120 kg Kartoffeln.

Auch Treibhausgase werden vermehrt durch die Haltung von Tieren zu Nahrungszwecken erzeugt. Laut dem Sachverständigenrat für Umweltfragen in Deutschland beträgt der Anteil der Landwirtschaft an den gesamten Treibhausgas-Emissionen weltweit ca. 10 bis 12 %, wovon mehr als 60 % auf die Viehwirtschaft entfallen. So titelte etwa die Zeitung „Die Welt" bereits 2007: „Ein Kilo Fleisch – schädlich wie 250 km Autofahrt". Dabei wird auf das Ergebnis einer Studie Bezug genommen, die belegte, dass bereits 1 Kilo Fleisch in etwa 36 Kilogramm Kohlendioxid produziert, wobei in diesen Werten der Energieverbrauch der Tierfarmen oder der Rinder- und Fleischtransport noch nicht einmal berücksichtigt wurden.

Wir sehen also, dass die Gründe für eine vegane Ernährung vielfältig sind. Nachdem wir mit allem, was existiert, in Verbindung stehen – auch wenn wir uns oft scheinbar getrennt von anderen und unserer Umwelt erleben –, kommt alles, was wir anderen Gutes tun, letztendlich auch uns selbst zugute. Wenig verwunderlich also, dass das, was deinem Körper und Geist gut tut, auch den Tieren und der Umwelt gut tut, und somit wieder deinen Mitmenschen und letztlich dir selbst. Man könnte es den Kreislauf der Liebe nennen: Tu das, was für alles

Existierende rund um dich herum am besten ist, denn das ist letztendlich auch genau das, was für dich selbst am vorteilhaftesten ist.

Bio tut gut

Wann immer möglich, sollte man bei der Auswahl seiner Nahrungsmittel zu biologisch Angebautem greifen. Wie schon erwähnt ist in diesen Lebensmitteln der Anteil an sekundären Pflanzenstoffen, aber auch an Vitaminen und Spurenelementen um ein Vielfaches höher als in konventionell Angebautem. Zudem sind wir in unserer heutigen Welt ohnehin ständig Giftstoffen ausgesetzt, weshalb man diese – wo es nur geht – reduzieren sollte. In herkömmlich Angebautem findet sich eine Vielzahl von Giftstoffen, die während der Produktion zur Schädlings- und Unkrautbekämpfung oder zur Düngung eingesetzt wurden. Ein Großteil dieser Produkte ist nicht nur für Schädlinge und Beikräuter gefährlich, sondern auch für fast alle anderen Organismen, wie beispielsweise Bienen, Würmer und Menschen.

So steht etwa Glyphosat, das weltweit am meisten eingesetzte Unkrautvernichtungsmittel, im Verdacht, Krebs zu erregen, und wurde aus diesem Grund auch von der Krebsagentur der WHO als wahrscheinlich krebserregend eingestuft. Ein amerikanisches Gericht sieht es übrigens ebenfalls als erwiesen an, dass Glyphosat Krebs auslöst, und hat in einem Präzedenzfall den Konzern (mittlerweile Bayer) zu hohen Strafzahlungen an den Kläger verurteilt. Viele weitere Klagen sind noch ausständig und werden wohl ähnlich entschieden werden.

Biologisch angebautes Obst, Getreide und Gemüse schützt nicht nur deine eigene Gesundheit sowie die Gesundheit deiner Mitmenschen, der Landwirte und Landarbeiter, die ihr Brot nun ohne Angst vor Vergiftungen verdienen können, sondern auch Wildtiere, Insekten und wichtige Mikroorganismen im Boden.

Unser täglich Brot

Zuallererst möchte ich einmal einen Blick auf unser täglich Brot werfen: Dieses ist oft vollgepumpt mit fragwürdigen Zusatzstoffen, wie beispielsweise Konservierungsmittel oder vermutlich gesundheitsschädliche Enzyme, die die Backeigenschaften verändern, sodass das Brot weicher wird und auch nach Tagen noch fluffig ist. Diese Enzyme müssen nicht einmal deklariert werden. Zudem greifen wir meist zu Brot aus Weißmehl und Weizen, und biologisch angebaut wurden die Inhaltsstoffe oft auch nicht.

Weißmehl wird vom Körper aber wie Zucker verstoffwechselt und – wie wir inzwischen alle wissen – ist Zucker und somit auch Weißmehl sehr schädlich. Weißmehl wird für Übergewicht, Diabetes und chronische Entzündungen verantwortlich gemacht, ist Nahrung für Krebszellen, Bakterien und Pilze, schwächt unser Immunsystem und hat viele weitreichende negative Auswirkungen auf unseren Körper. Zudem fehlt dem weißen Getreide etwas Wesentliches, nämlich der Keim und die Schale. Beides enthält allerdings große Mengen an gesundheitsförderlichen Stoffen wie sekundäre Pflanzenstoffe, wertvolle Fette, Mineralstoffe und Spurenelemente, wie etwa Kalium, Kalzium, Magnesium und Phosphor, Ballaststoffe und Vitamine, allen voran die so wichtigen B-Vitamine, aber auch Vitamin A und Vitamin E.

Alle Vitamine aus der *B-Gruppe* sind wichtig für den Fett-, Eiweiß- und Kohlenhydrat-Stoffwechsel. Aber auch für gesunde Haut, Haare und Nägel sowie ein elastisches Bindegewebe sind die B-Vitamine verantwortlich, außerdem für Reizübertragung an Nervenzellen, Blutbildung und Zellteilung. *Kalium* wiederum ist wichtig für unsere Herzgesundheit, aber auch für die Signalweiterleitung zwischen unseren Zellen. *Kalzium* brauchen wir für starke Knochen und Zähne, *Magnesium* für die Muskeltätigkeit, einen ausgeglichenen Blutdruck und als Vorbeugung von Herzrhythmusstörungen. *Phosphor* spielt eine große Rolle für einen ausgeglichenen Säure-Basen-Haushalt und bei der Produktion und Speicherung von Energie.

Wie bereits erwähnt sind Produkte aus konventioneller Landwirtschaft meistens mit Herbiziden, Pestiziden und Fungiziden vergiftet und diese wirken sich natürlich auch nicht gerade positiv auf unsere Gesundheit aus.

Weizen ist ein hochgezüchtetes Lebensmittel, das mit dem ursprünglichen Getreide unserer Vorfahren nur noch wenig gemein hat. Immer mehr Studien von Ernährungswissenschaftlern kommen zu dem Schluss, dass Weizen nicht sonderlich gesund ist. Aus diesem Grund empfiehlt es sich, auf Einkorn, das Urgetreide, aus dem der Weizen entstand, und auf Dinkel zurückzugreifen. Dinkel wurde zwar ebenfalls aus Einkorn gezüchtet, gilt aber generell als bekömmlicher als Weizen und ist dem Urkorn noch ähnlicher als Weizen.

Aus diesen Gründen solltest du nur Brot aus vollem Korn, möglichst weizenfrei und aus biologischer Landwirtschaft kaufen oder am besten selbst Brot backen. Das ist einfacher als du denkst – und was gibt es Besseres und Erfüllenderes als frisches selbst gebackenes Brot? In diesem Buch findest du ganz am Anfang Rezepte für einfache und schmackhafte Brote und Brötchen.

Herkömmlicher Brotbelag

Herkömmlicher Brotbelag aus dem Supermarkt (oder auch aus dem Bioladen ums Eck) ist oft nicht wirklich gesund. Tierisches ist, wie bereits aufgezeigt, generell mit Vorsicht zu genießen und etwaige Zusatzstoffe, wie Konservierungsmittel, Geschmacksverstärker und Ähnliches, schwächen unsere Körperabwehr, vergiften unsere Zellen, wirken teilweise krebserregend und verhindern oft sogar die positiven Effekte pflanzlicher Nahrung.

Pflanzliche Brotaufstriche aus dem Laden

Aber gibt es nicht bereits eine große Zahl an gesunden pflanzlichen Brotaufstrichen im Handel zu kaufen? Wozu dann überhaupt Aufstriche selbst machen? Nun ja, es ist wahr, dass es inzwischen wirklich eine große Auswahl an pflanzlichen Brotaufstrichen im Handel gibt, was aber leider nicht automatisch bedeutet, dass diese auch gesund sind. So enthalten viele dieser Aufstriche ungesunde Fette, Zitronensäure sowie Farb- und Konservierungsstoffe und Geschmacksverstärker.

Isolierte Zitronensäure ist eine konzentrierte Säure, die meiner Meinung nach in Lebensmitteln eigentlich nichts verloren hat. Anders als der Name vermuten lässt, wird *Zitronensäure* nicht aus Zitronen gewonnen, sondern im Labor durch den gentechnisch veränderten Schimmelpilz *Aspergillus niger* hergestellt. Sie fördert Oxidationsprozesse im Körper und greift die Membran unserer Zellen an. Zudem fördert sie die Aufnahme von Umweltgiften und Schwermetallen[6], wie beispielsweise Aluminium, das wiederum in Verdacht steht, die Entstehung von Alzheimer, Demenz und neurologischen Störungen zu begünstigen. Aus diesem Grund sollte man Nahrungsmittel mit Zitronensäure meiden, was gar nicht so einfach ist, denn in fast allen verarbeiteten Produkten, die man im Handel fertig kaufen kann, wird die billige und schädliche Zitronensäure verwendet.

Synthetische *Farb- und Konservierungsstoffe* sind deswegen problematisch, weil die meisten davon in Verdacht stehen, Krebs, Allergien, Kopfschmerzen, Hyperaktivität und Verdauungsbeschwerden auszulösen und die Entgiftungsorgane Nieren und Leber stark zu belasten.

Sieht man sich die Zutatenliste von handelsüblichen Aufstrichen an, wird man sehr oft auch irgendein billiges raffiniertes Öl als eine der Hauptzutaten finden, was alles andere als optimal für unsere Gesundheit ist. Besonders problematische Öle sind *Palmöl*, welches das Wachstum von Metastasen fördert und zudem ökologisch mehr als bedenklich ist, sowie *Distel- und Sonnenblumenöl*, die ein ziemlich ungünstiges Verhältnis von entzündungshemmenden Omega-3- zu entzündungsfördernden Omega-6-Fettsäuren aufweisen. Es gilt als optimal, wenn unsere Ernährung ungefähr 1 Teil Omega-3-Fettsäuren zu 3 Teilen Omega-6-Fettsäuren aufweisen, also im Verhältnis 1:3 stehen. In unserer heutigen Zeit ist dies jedoch eher selten der Fall. In modernen Zivilisationsgesellschaften kann man von einem ungefähren durchschnittlichen Verhältnis von 1:18 ausgehen. Nimmt man jedoch im Verhältnis zu viele Omega-6-Fettsäuren zu sich, dann erhöht man damit die Entzündungsneigung und damit einhergehend auch das Risiko für viele moderne Zivilisationskrankheiten wie Krebs und Co. Auch kann sich Omega-6 unter Sauerstoffeinwirkung als Plaque in den Gefäßen ablagern und so das Risiko für Herz-Kreislauf-Erkrankungen massiv erhöhen. Trotzdem benötigen wir auch Omega-6-Fettsäuren. Ein Verhältnis von 1 Teil Omega-3 zu 5 Teilen Omega-6 (1:5) gilt als noch vertretbar.

Omega-3-Fettsäuren brauchen wir, um unsere Arterien geschmeidig und elastisch zu halten, für die Proteinsynthese und den Zellstoffwechsel, aber auch für eine gute Hirnfunktion ist Omega-3 unabdingbar. Zudem wirkt diese Fettsäure antioxidativ und – wie schon erwähnt – entzündungshemmend, was sich wiederum positiv auf unser Immunsystem und generell auf die meisten sogenannten Zivilisationskrankheiten auswirkt. Raffiniertes Öl in Maßen ist okay, aber dann bitte das richtige! Generell scheint eine Erhöhung des Konsums von einfach ungesättigten Fettsäuren (wie Olivenöl, Avocados, Nüsse) und Omega-3-reichen Fetten wie Leinsamen und Nüsse dabei zu helfen, Herz-Kreislauf-Erkrankungen, Diabetes 2 und kognitiven Verfall zu verhindern.[7]

Öle, die ich aus diesem Grund für vorteilhaft halte, sind vor allem *Leinöl* (4:1, Omega-3 zu Omega-6), *Chiaöl* (1:3), *Hanföl* (1:3), *Walnussöl* (1:4) und *Rapsöl*

(1:3), die alle reich an mehrfach ungesättigten Fettsäuren sind und ein gutes Verhältnis von Omega-3- zu Omega-6-Fettsäuren aufweisen. Auch *Olivenöl* ist okay, denn dieses enthält hauptsächlich einfach ungesättigte Fettsäuren, die wiederum das schlechte Cholesterin (LDL) im Körper senken können.

Ich habe hier einmal die Zutatenliste eines handelsüblichen, vermeintlich gesunden Brotaufstrichs aus biologischem Anbau aufgeschrieben: *Sonnenblumenöl, Sonnenblumenkerne, Wasser, rote Paprika 11 %, Zitronensaft aus Zitronensaftkonzentrat, Tomatenmark zweifach konzentriert 8 %, …*

Wir sehen also, dass dieser Aufstrich hauptsächlich aus Sonnenblumenöl besteht, was ihn wiederum alles andere als förderlich für unsere Gesundheit macht.

Um möglichst lange haltbar zu sein, werden käufliche Aufstriche zudem erhitzt, was bedeutet, dass das darin enthaltene Obst und Gemüse in jedem Fall gekocht wurde. Gekochtes Obst und Gemüse enthält allerdings weniger Vitamine und Enzyme als rohe Nahrung; zudem werden in Gekochtem ab einer Temperatur von 42 Grad Celsius die enthaltenen Eiweiße verändert. In frisch hergestellten Aufstrichen kann man Obst und Gemüse wunderbar roh verarbeiten und profitiert so noch mehr von der geballten Pflanzenkraft der Natur.

Kleine Warenkunde

Zum Glück gibt es Standmixer

Fast alle Aufstriche in diesem Buch werden mit Hilfe von leistungsstarken Standmixern hergestellt. Sie zerkleinern Nüsse, Hülsenfrüchte, Tofu und Gemüse, sodass man diese gut aufs Brot streichen kann. Die Anschaffung eines Hochleistungsmixers lohnt sich hier wirklich, auch wenn diese etwas teurer sind. Man kann damit nicht nur Aufstriche herstellen, sondern auch eine Vielzahl von gesunden Smoothies, Suppen, süßen Cremes, Eis und andere Leckereien. Hat man keinen Standmixer zur Hand, tut es zur Not auch ein guter Stabmixer.

Nüsse und Kerne hab' ich so gerne

Als Basis für die Aufstriche dienen oft verschiedene Nüsse und Kerne, die im Standmixer zu einer cremigen Masse püriert werden. Am häufigsten verarbeite ich zu diesem Zweck Cashewkerne sowie Hanfsamen, doch auch viele andere Nüsse wie Hasel- und Walnüsse finden Verwendung.

Nüsse strotzen nur so vor gesunden Inhaltsstoffen. Neuere Studien legen eine ganze Reihe positiver Wirkungen auf unsere Gesundheit nahe: So steigt etwa die durchschnittliche Lebenserwartung unabhängig von Geschlecht und Alter mit einem höheren Verzehr von Nüssen.

Der Konsum von Nüssen vermindert das Risiko für Herz-Kreislauf-Erkrankungen (immerhin die Todesursache Nummer 1 in Europa) drastisch. So wurde beispielsweise in einer Studie gezeigt, dass bei Frauen mit einem hohen Risiko für Herzerkrankungen die Wahrscheinlichkeit für eine Herzattacke fast halbiert war, wenn sie an fünf oder mehr Tagen in der Woche Nüsse konsumierten, verglichen mit Frauen, die nur einmal pro Woche oder seltener Nüsse aßen.[8]

Aber auch vor Schlaganfällen können Nüsse schützen: So wurde in einer Langzeitstudie mit über 7000 Männern und Frauen – ebenfalls Risikopatienten – nachgewiesen, dass bei denjenigen mit einem Nusskonsum von etwa einer Handvoll Nüsse täglich das Schlaganfallrisiko halbiert war.[9]

Auch vor Krebs können Nüsse schützen: *So fanden Forscher heraus, dass der Konsum von Walnüssen mehr als dreimal pro Woche das Risiko, an einer Krebserkrankung zu sterben, halbierte. Zusätzlich sank auch das Risiko, an einer Herz-Kreislauf-Erkrankung zu sterben, signifikant; ebenso sank das generelle Risiko, während der Studienzeit zu sterben, um 39 %.*[10]

Nüsse sind zudem eine gute Quelle für fettlösliches Vitamin E – ein hochpotentes Antioxidans, das Entzündungen reduziert, der Zellalterung vorbeugt und uns so vor Herzerkrankungen, Krebs, vorzeitiger (Haut)Alterung und vielem mehr bewahrt.

Kritiker mögen dagegenhalten, dass Nüsse und Kerne viel Fett enthalten. Dies ist auch absolut wahr und man sollte sicher nicht mehr als eine Handvoll Nüsse täglich zu sich nehmen. Interessanterweise sind wir aber umso schlanker, je mehr Nüsse wir essen, und umso dicker, je mehr raffinierte Öle wir konsumieren, wie epidemiologische Untersuchungen aufzeigen.[11]

Es empfiehlt sich, Nüsse in den Alltag einzubauen und dafür an anderer Stelle Fett einzusparen, indem man zum Beispiel den Genuss raffinierter Öle verringert und tierische Produkte meidet.

Nüsse und Kerne sollte man vor dem Verzehr in etwas Wasser einweichen, damit sie cremig werden. Nennt man allerdings einen leistungsstarken Standmixer sein Eigen, erreicht man auch ohne Einweichen eine super cremige Konsistenz. Wenn es mal schnell gehen muss, kann man sich in diesem Fall also das Einweichen sparen.

Auch aus gesundheitlichen Gründen empfiehlt es sich, Nüsse einzuweichen. Um das näher zu beleuchten, muss man sich die Vorgänge in der Natur ansehen: Da Nüsse und Kerne ja im Grunde das Saatgut verschiedener Pflanzen darstellen, befinden sich in ihnen bestimmte Enzyme, die die Verdauung von unbeschädigten Nüssen verhindern sollen. Dies ermöglicht der Mutterpflanze, dass die Samen nach dem Genuss durch Tiere mit dem Kot wieder ausgeschieden werden und so eine neue Pflanze entstehen kann. Weicht man die Nüsse allerdings ein, werden diejenigen Enzyme, die die Verdauung behindern, ins Einweichwasser geschwemmt und mit diesem dann auch entsorgt.

Hülsenfrüchte

Auch Hülsenfrüchte stellen eine gute Grundlage für Aufstriche dar. Egal ob verschiedene Bohnen, Linsen, Sojabohnen, Kichererbsen oder Erbsen: Alle lassen sich wunderbar zu leckerem Brotbelag verarbeiten. Hülsenfrüchte sind sehr gesund. Sie enthalten viel wichtiges Protein, das wir für fast alle Vorgänge im menschlichen Körper benötigen. Zudem bieten sie große Mengen an Ballaststoffen, wertvolle sekundäre Pflanzenstoffe und Antioxidantien sowie Vitamine, Mineralstoffe und Spurenelemente. Außerdem sind die meisten Hülsenfrüchte reich an Inulin. Dieses Präbiotikum ist eine wichtige Nahrungsquelle für unsere guten Darmbakterien. Nicht umsonst sagt ein altes Sprichwort: Der Tod sitzt im Darm! Geht es unserem Darm gut, geht es unserem Immunsystem gut und damit dem gesamten Körper. Auch weisen Hülsenfrüchte einen niedrigen glykämischen Index auf, belasten also den Blutzuckerspiegel nicht negativ. *Der Verzehr von Hülsenfrüchten wird generell mit so positiven Effekten wie einem niedrigeren Blutzucker- und Cholesterinspiegel, einem geringeren Risiko für Krebs und Herz-Kreislauf-Erkrankungen und geringerem Gewicht in Verbindung gebracht.* [12]

Das *American Institute for Cancer Research* hat über eine halbe Million Studien ausgewertet und damit das *Continuous Update Project*[2] (CUP) ins Leben gerufen. Dies stellt die weltweit größte und aktuellste Quelle von wissenschaftlichen Forschungsdaten zu Krebsvorbeugung und Krebsüberleben durch Diät, Ernährung und Sport dar. Die Forscher empfehlen, zu *jeder* Mahlzeit Vollkorn und Hülsenfrüchte zu essen, um bestmöglich gegen Krebs gewappnet zu sein. Nicht etwa einmal pro Tag, sondern zu jeder einzelnen Mahlzeit! Alleine schon aus dieser Empfehlung kann man ableiten, wie gesund Hülsenfrüchte für uns sein müssen!

Immer geschmeidig bleiben

Um eine geschmeidige und samtige Textur zu erreichen, verwende ich hin und wieder Flohsamenschalen. Diese quellen in Kontakt mit Flüssigkeit auf, geben dabei gesunde Schleimstoffe ab und dicken dadurch den Aufstrich ein. Zudem sind sie sehr gesund und gelten gemeinhin als Heilpflanzen. Sie unterstützen den Magen-Darm-Trakt bei Reizdarmsyndrom, regen die Darmtätigkeit an und

machen den Stuhlgang weich und geschmeidig, hemmen die Aufnahme von Zucker, senken den Cholesterinspiegel und sorgen für ein gutes Sättigungsgefühl. Auch sind sie eine hervorragende und gut verträgliche Quelle für wertvolle und gesundheitsförderliche Ballaststoffe.

Zuckersüß und trotzdem gesund

Zucker ist äußerst ungesund. Er schwächt unser Immunsystem, trägt zu Übergewicht und Diabetes bei und bereitet den Nährboden für Pilze, Bakterien und Krebszellen. Obwohl Zucker in einer gesunden Ernährung nichts zu suchen hat, muss man trotzdem nicht auf süßen Geschmack verzichten. Es gibt einige Zuckerersatzstoffe, die durchaus okay sind. Ich verwende in den Rezepten entweder Birkenzucker (Xylit) oder Kokosblütenzucker, ganz selten kommt auch Ahornsirup zum Einsatz. Auch Erythrit, der wie Birkenzucker zu den sogenannten Zuckeralkoholen gehört, stellt eine gesunde Zuckeralternative dar. Allerdings hat Erythrit nur ca. 50 bis 75 % der Süßkraft von Zucker im Gegensatz zu Birkenzucker, der die gleiche Süßkraft wie Zucker aufweist. Alle vier Zuckerarten sind basisch, das heißt, sie versorgen den Körper mit vielen Mineralstoffen, im Gegensatz zu normalem Zucker, der stark sauer wirkt und für dessen Verstoffwechslung sogar noch wertvolle Mineralstoffe aus anderweitigen Quellen (im schlimmsten Fall unsere Knochen) benötigt werden. Die drei Zuckerarten Birkenzucker, Erythrit und Kokosblütenzucker haben zudem den Vorteil, dass sie einen relativ niedrigen glykämischen Index (GI) aufweisen. Das heißt, sie beeinflussen den Blutzucker- und Insulinspiegel des Körpers nicht übermäßig und dienen Bakterien, Pilzen und Krebszellen auch nicht als Nahrung, wobei Erythrit gar keinen Einfluss auf den Blutzuckerspiegel aufweist (GI = 0), Birkenzucker einen sehr, sehr geringen (GI = 7) und Kokosblütenzucker einen mäßigen (GI = 35). Ahornsirup weist dagegen bereits einen höheren glykämischen Index auf (GI = 54), ist in Maßen genossen allerdings noch vertretbar. Generell sollten hauptsächlich Lebensmittel mit einem GI von unter 65 verzehrt werden, wobei Haushaltszucker einen GI von etwa 100 aufweist. Zudem haben sowohl Birkenzucker als auch Erythrit sehr viel weniger Kilokalorien als normaler Zucker: Pro 100 g liefert Birkenzucker 200 kcal, Erythrit nur 20 kcal und normaler Zucker ca. 410 kcal.

Sauer macht lustig …

… und schmeckt! In vielen traditionellen Aufstrichen auf der Basis von Milchprodukten wird als Grundlage eine sauer vergorene Variante von Milch verwendet, wie Joghurt oder Quark (Topfen). Um nun in pflanzlichen Aufstrichen ebenfalls eine wohlschmeckende säuerliche Note zu erzielen, verwende ich stattdessen Zitronensaft. Dieser ist wiederum sehr basisch, enthält viel Vitamin C und Antioxidantien, stärkt das Immunsystem, wirkt antibakteriell und entgiftend, unterstützt im Kampf gegen Krebs und Arteriosklerose und verbessert überdies noch die Laune. Auch viele Enzyme, die unsere Verdauung unterstützen, finden sich in dem sauren Saft.

Toppings

Um noch mehr von den gesunden Brotaufstrichen zu profitieren, empfehle ich dir, obendrauf noch farbenfrohe Toppings zu drapieren. Das sieht nicht nur besonders hübsch und appetitlich aus – das Auge isst schließlich mit –, sondern kann dich je nach Wahl zudem noch mit einem Mehr an Vitaminen, Mineralstoffen, sekundären Pflanzenstoffen, gesunden Fetten, Ballaststoffen, Enzymen und Spurenelementen versorgen.

Als Toppings empfehle ich eine bunte Mischung aus grüner Unterlage (kleingeschnittene Kräuter oder selbst gezogene Sprossen aus Kresse-, Radieschen- oder Alfalfa-Samen etc.), farbenfrohen Gemüsestückchen (Karotten, Gurken, Paprika, Tomaten, Champignons, Radieschen etc.), die man auch mit kleinen Keksausstechern in entzückenden Formen wie kleinen Herzchen oder Sternen aufs Brot bringen kann, und gesunden Kernen wie beispielsweise Chia- oder Hanfsamen.

Bei den süßen Aufstrichen machen sich essbare Blüten, frische Früchte wie verschiedene Beeren oder kleine Obststücke (Bananen, Äpfel, Birnen, Kiwis etc.), gerne auch wieder mit dem Keksausstecher bearbeitet, und Chiasamen, Hanfsamen oder Kakaonibs besonders gut.

Haltbarkeit und Mengen

Jedes Aufstrichrezept ergibt eine volle Dessertschüssel Aufstrich, die je nach Größe des Brotes für mindestens sechs Scheiben ausreicht, meist jedoch für sehr viel mehr. Im Kühlschrank sind alle Aufstriche mindestens 2 bis 3 Tage haltbar.

Gesunde Brote

Raffiniertes Walnussbrot

Vollwertig, weizenfrei

Ein leckeres Rezept für gesundes und einfach herzustellendes Brot, dem die Walnüsse einen feinen, leicht herben Geschmack verleihen. Walnüsse enthalten ebenso wie Leinsamen viele ungesättigte Fettsäuren, allen voran die entzündungshemmenden und herzgesunden Omega-3-Fettsäuren. Walnüsse und Leinsamen senken das schlechte LDL-Cholesterin ebenso wirkungsvoll wie den Blutdruck und den Cholesterinspiegel. Auch die Durchblutung der Arterien wird verbessert und damit das Risiko von Herz-Kreislauf-Erkrankungen reduziert. Walnüsse haben aber noch mehr zu bieten, wie zum Beispiel Kalium, Zink, Pantothensäure, zahlreiche Vitamine (A, B_1, B_2, B_3, C, E) und Antioxidantien. Aufgrund ihrer vielfältigen positiven Eigenschaften sind Walnüsse, werden sie regelmäßig gegessen, laut verschiedenen Studien sogar dazu in der Lage, Krebs zu verhindern (Prostatakrebs) und das Krebswachstum zu hemmen (Brustkrebs).

Zutaten:

- 300 g Vollkorn-Dinkelmehl
- 200 g Vollkorn-Einkornmehl
- 400 ml Wasser
- 2 TL Salz
- 2 TL Ahornsirup
- 1 Packung Trockenhefe
- 150 g Walnüsse
- 1 TL Brotgewürz
- 3 TL Majoran
- 70 g Leinsamen
- 1 EL Apfelessig

Zubereitung:

1. Alle Zutaten bis auf die Walnüsse gut vermischen und danach ca. 8 Minuten mit den Knethaken des Mixers gut durchkneten.
2. Die Walnüsse vierteln und in den Brotteig einkneten.
3. Abdecken und an einem warmen Ort ca. 1 Stunde gehen lassen. Nochmals durchkneten und zu einem Laib formen.
4. In den noch kalten Backofen schieben und bei 180° Umluft ca. 50 Minuten lang backen.

TIPP: mit dem köstlichen selbst gemachten und veganen Kartoffelkas von Seite 80 ist dieses Brot ein Hit!

Rohköstliches Gemüse-Leinsamen-Brot/Cracker

Rohköstlich, glutenfrei, vollwertig, weizenfrei

Leinsamen sind wahre Nährstoffbomben. Zum einen stecken sie voller gesunder und entzündungshemmender Omega-3-Fettsäuren, zum anderen enthalten sie die Vitamine B_1, B_2, B_6 und E. Regelmäßig genossen können Leinsamen sogar dabei helfen, den Blutdruck zu senken.[13]

Zutaten:

1½ Tassen (mit 250 ml Rauminhalt) geschroteter goldener Leinsamen
7 cm einer Gurke
2 Stangen Stangensellerie
1 Zwiebel
2 EL Gewürzmischung Ital. Kräuter
1 TL Kurkuma
½ TL Salz
1 EL Zitronensaft
300 ml Wasser
Pfeffer

Zubereitung:

1. Zwei Backbleche mit Backpapier auslegen und bereitstellen.
2. Alle Zutaten im leistungsstarken Standmixer oder der Küchenmaschine pürieren, bis eine geschmeidige Creme entsteht.
3. Nachdem die Leinsamen schnell aufquellen, die Masse zügig 3 mm dünn auf die vorbereiteten Backbleche streichen. Wird der Teig dicker als 3 mm aufgetragen, verlängert sich die Trockenzeit pro zusätzlichem Millimeter um ca. 2 Stunden; ist der Teig dünner, verkürzt sie sich. Besser ist es also, den Teig eher etwas zu dünn als zu dick aufzustreichen.
4. Entweder im Backofen bei Umluft (in diesem Fall am besten einen Kochlöffel in die Backofentür einklemmen, damit die Feuchtigkeit entweichen kann) oder im Dörrgerät bei 43° C etwa 4 bis 6 Stunden trocknen. Je nach Wassergehalt des Gemüses kann dies etwas länger oder kürzer dauern. Das Brot ist fertig, wenn es auf leichten Fingerdruck nicht mehr nachgibt, aber noch ganz leicht biegsam ist.
5. Nach etwa 3½ Stunden in das noch etwas feuchte Brot ca. 6 x 8 cm große Stücke einschneiden, sodass Bruchlinien entstehen, an denen man das Brot später leichter trennen kann.

TIPP: Dieses wunderbare Rohkost-Brot ist im Kühlschrank bis zu einem Monat haltbar.

Farbfrisches Rosa(b)rot

Vollwertig, weizenfrei

Rote Rüben enthalten eine wahre Fülle an gesunden Inhaltsstoffen. So punkten sie etwa mit den Vitaminen A, C und verschiedenen B-Vitaminen, wie etwa Folsäure. Zudem enthalten sie größere Mengen an Eisen zur Blutbildung, Zink zur Stimulierung der Abwehrkräfte und Selen zur Entgiftung. An sekundären Pflanzenstoffen ist das Betanin, der rote Farbstoff in der Powerknolle, hervorzuheben; dieser wirkt stark antioxidativ und schützt so unsere Zellen vor Schäden. Er gilt als leberstärkend und verbessert die Entgiftungsleistung. Zudem stärkt Betanin unsere Abwehrkräfte ebenso wie die enthaltenen Vitamine und Mineralstoffe.

Zutaten:

230 g Vollkorn-Dinkelmehl
220 g Vollkorn-Einkornmehl
1 TL Salz
1 Packung Trockenhefe
350 ml Wasser
150 g rote Rüben (Rote Bete), geschält und gekocht
½ TL Brotgewürz
1 TL Kurkuma
3 EL Sesam
1 EL Chiasamen
2 EL Apfelessig
1 Prise Pfeffer

Zubereitung:

1. Alle Zutaten bis auf die roten Rüben gut vermischen und danach ca. 8 Minuten mit den Knethaken des Mixers gut durchkneten.
2. Die roten Rüben auf der Küchenreibe fein reiben und in den Brotteig einkneten.
3. Abdecken und an einem warmen Ort ca. 1 Stunde gehen lassen. Nochmals durchkneten und in eine mit Backpapier ausgelegte Kastenform geben und nochmal ca. ½ Stunde gehen lassen.
4. In der Zwischenzeit den Backofen auf 180° Umluft vorheizen und ca. 50 Minuten lang backen.

Glutenfreie süße Rosinen-Brötchen

Vollwertig, glutenfrei, weizenfrei

Diese glutenfreien Brötchen sind geschmacklich der Hammer! Für den Teig benutze ich eine glutenfreie Vollkorn-Mischung, die aus Buchweizen-, Reis-, Hirse- und Maismehl besteht. Buchweizen enthält alle acht essenziellen Aminosäuren, die mit der Nahrung zugeführt werden müssen, und senkt laut wissenschaftlichen Studien den Cholesterin- und Blutzuckerspiegel und schützt die Leber. Reis enthält viele B-Vitamine, die wichtig für unsere Nerven sind, sowie Eisen, Kalium und Magnesium. Hirse punktet mit einem hohen Gehalt an Kieselsäure, die für schönes Haar, starke Nägel und Knochen und elastisches Bindegewebe sorgt. Mais wiederum enthält viele Carotinoide, die die Sehkraft unserer Augen unterstützen, entzündungshemmend wirken und Zellschäden vorbeugen. Alles in allem sind diese köstlichen Brötchen also wahre Nährstoffbomben. Wenn du auf glutenfrei keinen Wert legst, kannst du anstatt des glutenfreien Mehles einfach dieselbe Menge Dinkelvollkornmehl verwenden.

Zutaten für 10 Brötchen:

500 g glutenfreie Vollkorn-Mehlmischung (ich benutze die 4-Korn-Mehlmischung von Werz)
2 TL Flohsamenschalen
100 g Kokosblütenzucker
60 g vegane Margarine (ungehärtet und ohne Palmöl)
450 ml Sojamilch, ungesüßt
40 g frische Hefe
60 g Rosinen
1 TL Rum
1 TL Bourbon-Vanille, gemahlen
½ TL Kurkuma
1 Prise Salz
ca. ½ TL geriebene Zitronenschale
etwas Sojamilch zum Bestreichen

Zubereitung:

1. Den Kokosblütenzucker abwiegen.
2. Sojamilch, Salz, Vanille, Zitronenschale und 1 EL vom bereits abgewogenen Zucker leicht erwärmen. Die Hefe in der Mischung auflösen und ca. 5 Minuten stehen lassen.
3. Anschließend alle Zutaten in einer großen Schüssel zu einem glatten Teig verarbeiten. Wenn der Teig klebt, einfach etwas mehr Mehl dazugeben.
4. Teig ca. 10 Minuten ruhen lassen. Danach in zehn gleich große Teile teilen, vorsichtig mit feuchten Händen zehn Brötchen daraus formen und auf ein mit Backpapier ausgelegtes Backblech legen.
5. Ofen auf 180° C Heißluft (200° C Ober-Unterhitze) vorheizen und Brötchen nochmal 20 Minuten ruhen lassen.
6. Die Brötchen mit Sojamilch bestreichen und im vorgeheizten Ofen ca. 25 bis 30 Minuten goldbraun backen.

Kernige Fitnesswecker

Vollwertig, weizenfrei

Saftig gesunde Brötchen mit jedem Biss! Diese leckeren Snacks schmecken nicht nur gut, sie sind auch äußerst gesund. Im Gegensatz zum Weizen enthalten Einkorn und Dinkel mehr Antioxidantien, Vitamine, Mineralstoffe und Proteine. Einkornmehl enthält zudem relativ viele gesundheitsförderliche Carotinoide, was ihm auch eine leicht gelbe Farbe verleiht. Diese wirken antioxidativ und entzündungshemmend. Dinkelmehl punktet mit einem hohen Gehalt an Kieselsäure, die für schöne Haare, Haut und Nägel, elastisches Bindegewebe und starke Knochen sorgt.

Zutaten für 8 Brötchen:

- 250 g Vollkorn-Dinkelmehl
- 150 g Vollkorn-Einkornmehl
- 350 ml Wasser
- 1 TL Salz
- 2 TL Ahornsirup
- 1 Packung Trockenhefe
- 20 g Chiasamen
- 30 g Leinsamen
- 30 g Sonnenblumenkerne
- 30 g Kürbiskerne, gehackt
- 1 mittelgroße Karotte
- 30 g Erbsen
- 3 TL Majoran
- 2 EL Apfelessig

Zubereitung:

1. Alle Zutaten gut vermischen und ca. 5 Minuten mit den Knethaken des Mixers durchkneten.
2. Abdecken und an einem warmen Ort ca. 1 Stunde gehen lassen. Nochmals durchkneten und mit nassen Händen auf einem mit Backpapier belegten Backblech zu 8 runden Wecken formen. Nochmals ca. ½ Stunde gehen lassen.
3. In den noch kalten Backofen schieben und bei 180° C Umluft ca. 25 Minuten lang backen.

Glutenfreies Kurkuma-Vollkorn-Brot

Vollwertig, glutenfrei, weizenfrei

Dieses gesunde Vollkorn-Brot lässt geschmacklich keine Wünsche offen und überzeugt auch das Auge mit seiner gelben Farbe. Kurkuma zählt zu den besten Gewürzen für unsere Gesundheit überhaupt! Es wirkt unter anderem antioxidativ, stark entzündungshemmend, antibakteriell, antiviral, krebshemmend, gedächtnisstärkend, entgiftend und leberstärkend. Die gelbe Wurzel sollte immer großzügig mit Pfeffer kombiniert werden, denn dieser erhöht die Bioverfügbarkeit der gelben Wunderwurzel um den Faktor 400. Wenn man auf glutenfrei keinen Wert legt, kann man anstatt des glutenfreien Mehles einfach dieselbe Menge Dinkelvollkornmehl verwenden.

Zutaten:

500 g glutenfreie Vollkorn-Mehlmischung (ich benutze das 4-Korn-Mehl von Werz)
2 TL Flohsamenschalen
500 ml Wasser
40 g frische Hefe
1 EL Olivenöl
40 g Leinsamen
10 g Chiasamen
2 EL Mohn
2 EL Apfelessig
1 ½ TL Salz
1 TL Kokosblütenzucker
3 TL Kurkuma
1 Knoblauchzehe, gepresst
2 TL Majoran
Pfeffer

Zubereitung:

1. 500 g Mehl abwiegen.
2. Wasser, Kokosblütenzucker und 1 EL vom abgewogenen Mehl leicht erwärmen. Hefe in der Mischung auflösen und ca. 5 Minuten stehen lassen.
3. Anschließend alle Zutaten mit dem Handrührgerät zu einem glatten Teig verarbeiten.
4. Teig in eine gefettete und bemehlte Kastenform geben, glattstreichen und zugedeckt 30 Minuten rasten lassen.
5. Ofen auf 180° C Heißluft (200° C Unter/Oberhitze) vorheizen. Brot mit Öl bestreichen und ca. 50 Minuten goldbraun backen.

Gesunde herzhafte Brotaufstriche

Baba Ganoush

Traditionell wird Baba Ganoush in der arabischen Küche als Dip zubereitet, bei uns ist es als Brotaufstrich sehr beliebt. Hauptbestandteil der würzigen Creme sind Auberginen und Sesam. Auberginen enthalten viele Ballaststoffe sowie sekundäre Pflanzenstoffe und sind sehr kalorienarm. Sesam wiederum sorgt mit reichlich Kalzium für gesunde und starke Knochen und mit viel Eisen für eine gute Sauerstoffsättigung des Blutes.

Zutaten:

- 1 Aubergine
- 2 EL Tahin (Sesampaste)
- 3 EL Zitronensaft
- 1 EL Olivenöl
- 1 Knoblauchzehe
- ½ Bund Petersilie
- 1 TL Sesam
- 1 TL Salz

Zubereitung:

1. Ofen auf 200° C Umluft vorheizen. Währenddessen Aubergine mehrmals mit einem Messer von allen Seiten einstechen.
2. Aubergine im Ofen 30 Minuten backen, danach etwas auskühlen lassen.
3. Anschließend Aubergine halbieren und mit einem Löffel das Fruchtfleisch von der Schale lösen. Ein Viertel der Schale klein schneiden und mit Auberginenfruchtfleisch, Tahin, Zitronensaft und Salz im Standmixer oder mit dem Pürierstab pürieren.
4. Knoblauchzehe pressen und unter die Auberginencreme heben. Creme im Kühlschrank komplett auskühlen lassen.
5. Petersilie hacken und kurz vor dem Verzehr unter das Baba Ganoush heben. Einen Teil davon übrig lassen und als Topping mit dem Sesam auf den Aufstrich streuen.

Dreierlei Cashew-Käse

Die proteinreichen Cashewkerne bieten viele gesunde ungesättigte Fettsäuren. Hervorzuheben ist ihr hoher Gehalt an Tryptophan, einer Aminosäure, aus der der Körper das Glückshormon Serotonin, aber auch das Schlafhormon und starke Antioxidans Melatonin herstellt. Zudem weisen die Kerne einen hohen Gehalt an B-Vitaminen auf und punkten außerdem mit Magnesium, Eisen, Zink, Kalium und Phosphor. Hanfsamen und Leinöl liefern zusätzlich wertvolle entzündungshemmende und herzgesunde Omega-3-Fettsäuren.

Zutaten Grundrezept:

170 g Cashewkerne
30 g Hanfsamen
110 ml Wasser
3–4 EL Zitronensaft
1 TL Knoblauchpulver
2 TL Hefeflocken
1 TL Salz
2 TL Leinöl

Zutaten zum Verfeinern für

Cashew-Schnittlauch-Käse:

6 EL gerebelter Schnittlauch
1 TL Zwiebelpulver

Zutaten zum Verfeinern für

Cashew-Curry-Käse:

½ TL Kurkuma
½ TL Curry
¼ TL Bockshornklee
Pfeffer

Zutaten zum Verfeinern für

Cashew-Cranberry-Käse:

½ Handvoll getrocknete Cranberries, gehackt
4 TL Majoran, getrocknet
1 TL Zitronensaft
frisch gemahlener Pfeffer

Zubereitung:

1. Hanfsamen und Cashewkerne in kleinen Portionen in der Küchenmaschine oder im Standmixer zu Pulver verarbeiten.
2. Restliche Zutaten dazugeben und glattrühren.
3. Je nach gewünschtem Aufstrich entweder mit Schnittlauch plus Zwiebelpulver, mit Kurkuma, Curry und Pfeffer oder mit gehackten Cranberries, Majoran, Zitronensaft und Pfeffer mischen.
4. Nun ca. ½ Stunde lang im Kühlschrank durchziehen lassen und danach noch mit Salz, Pfeffer und eventuell Zitronensaft abschmecken.

TIPP: Der Käse schmeckt auch wunderbar mit anderen Zutaten zum Verfeinern. Super funktionieren hier beispielsweise auch Blütenmischungen mit gezupften Löwenzahnblüten, Gänseblümchen und Ringelblumen. Auch mit unterschiedlichen Kräutermischungen schmeckt der Cashew-Käse super. Deiner Fantasie sind keine Grenzen gesetzt!

Kurkuma-Karotten-Aufstrich

Dieser Aufstrich gehört zu meinen persönlichen Favoriten. Nicht nur, weil er so gesund ist, sondern vor allem, weil er mir einfach extrem gut schmeckt. Die wundervolle Powerwurzel Kurkuma wirkt stark entzündungshemmend und ist generell äußerst positiv für unsere Gesundheit. So stärkt sie etwa das Gedächtnis und tötet sogar Krebszellen ab. Karotten wiederum stecken voller Carotinoide (sekundärer Pflanzenstoff), darunter Beta-Carotin, der Vorstufe von Vitamin A. Dies fördert gesunde Augen, hilft gegen Nachtblindheit, verringert das Krebsrisiko und wirkt vorzeitiger Hautalterung entgegen.

Zutaten:

100 g Cashewkerne
70 ml Karottensaft
1 mittelgroße Karotte
¼ Zwiebel
2 EL Zitronensaft
1 TL Kurkuma
½ TL Salz
Pfeffer

Zubereitung:

1. Die Karotte fein rebeln, Zwiebel sehr fein würfeln.
2. Cashewkerne mit Karottensaft, Zitronensaft, Kurkuma, Salz und Pfeffer im Mixer pürieren, bis eine feine Creme entstanden ist.
3. Karottenraspeln und Zwiebel unterheben.
4. Im Kühlschrank gut durchziehen lassen.

Guacamole

Meine Familie und ich lieben Avocados! Vor allem mein Sohn liebt die Frucht und generell sind Avocados bei den meisten Kindern heiß begehrt. Die ballaststoffreichen und antioxidativen Früchte punkten mir reichlich B-Vitaminen, Vitamin K, Kalium, Kupfer, Vitamin E und Vitamin C. Eine mittelgroße Avocado deckt bereits 48 % des Tagesbedarfs an Vitamin K und 43 % des Tagesbedarfs an Folsäure ab. Zudem enthalten Avocados reichlich herzgesunde Fettsäuren. Die in der Guacamole enthaltenen Zwiebel und Knoblauch wirken zudem entgiftend und Tomaten liefern viele sekundäre Pflanzenstoffe.

Zutaten:

- 1 reife Avocado
- 2 Cocktailtomaten
- ¼ kleine Zwiebel
- 1 Knoblauchzehe
- 1 Spritzer Zitronensaft
- 1 Prise Kreuzkümmel
- Salz

Zubereitung:

1. Cocktailtomaten und Zwiebel sehr fein würfeln.
2. Avocado aus der Schale lösen und in kleine Würfel schneiden. Mit einer Gabel vorsichtig zerdrücken. Es sollen kleine Avocadostückchen erhalten bleiben.
3. Zitronensaft, Cocktailtomaten, Zwiebel, gepresster Knoblauch, Kreuzkümmel und Salz unter die Avocadomasse heben.

Kürbiskernaufstrich à la Silke

Von dem super einfachen Kürbiskernaufstrich sind meine Gäste regelmäßig hellauf begeistert: Es besteht absolute Suchtgefahr! Dabei ist die Herstellung denkbar einfach und innerhalb von fünf Minuten ist dieser wunderbare Aufstrich fertig. Kürbiskerne stecken voller ungesättigter Fettsäuren, reichlich antioxidativem Vitamin E und Beta-Carotin sowie Magnesium, Eisen, Zink und Selen. Ihre wichtigsten Inhaltstoffe sind jedoch die Phytosterine, die Prostatabeschwerden und Blasenleiden vorbeugen beziehungsweise lindern können. Auch Vitamine des B-Komplexes (B_1, B_2, B_6) sowie C, A und D findet man in Kürbiskernen. Die dunkelgrüne Farbe des Kürbiskernöls schützt die Haut vor Sonneneinstrahlung und negativen Umwelteinflüssen. Da Kürbiskerne ein eher ungünstiges Verhältnis an Omega-3- zu Omega-6-Fettsäuren aufweisen, sollten sie immer zusammen mit Leinöl gegessen werden.

Zutaten:

- 200 ml Sojajoghurt natur, ungesüßt
- 1 Knoblauchzehe, gepresst
- 100 g Kürbiskerne
- Saft einer ½ Zitrone
- 2½ EL Kürbiskernöl
- 1 EL Leinöl
- Salz, Pfeffer

Zubereitung:

1. Die Kürbiskerne im Standmixer oder in der Küchenmaschine zu feinem Pulver mahlen.
2. Alle Zutaten in einer Schüssel miteinander verrühren und salzen (ca. ½ TL je nach Geschmack) und pfeffern. Fertig! Ging wirklich schnell, oder?
3. Am besten noch im Kühlschrank kühl stellen und etwas ziehen lassen, damit sich der wunderbare Geschmack noch besser entfaltet.

TIPP: Durch die Kürbiskerne dickt der Aufstrich super ein und wird mit der Zeit fester. Sollte er zu fest werden, einfach noch etwas Wasser oder Zitronensaft (aber nur teelöffelweise) dazugeben. Ist er zu flüssig, helfen noch zusätzliche gemahlene Kürbiskerne.

Hummus natur

Hummus ist eigentlich in der arabischen Küche zu Hause, macht aber auch bei uns eine gute Figur! Kichererbsen sind eine hervorragende Quelle für hochwertiges Eiweiß und enthalten viele Ballaststoffe sowie Inulin, ein unverdauliches Kohlenhydrat, das unseren guten Darmbakterien als Nahrung dient. Wir finden vor allem die Vitamine A, B (hier vor allem viel Folsäure), C und E in Kichererbsen, aber auch Zink für ein gesundes Immunsystem sowie Magnesium für unsere Muskeln. Auch auf unsere Herzgesundheit und unseren Blutzuckerspiegel wirken sich die kleinen Hülsenfrüchte nicht zuletzt auch wegen der enthaltenen Saponine positiv aus. Zudem enthalten sie relativ hohe Mengen an Kalzium und Eisen. Sesam enthält ebenfalls relativ große Mengen an Eisen für die Blutbildung und Kalzium für starke Knochen und Zähne. Ganz nebenbei schmeckt selbst gemachter Hummus auch noch wirklich lecker! Kein Vergleich zu den Hummus-Produkten, die man im Handel erhält und die bestenfalls ein fader Abklatsch des unvergleichlichen Hummus aus Eigenproduktion sind.

Zutaten:

1 Dose Kichererbsen (ca. 230 g Abtropfgewicht)
4–6 EL Kichererbsenwasser aus der Dose
3 EL Tahin (Sesampaste)
Saft von 1 Zitrone
2 Knoblauchzehen
1 TL Cumin
1 EL Olivenöl
1 TL Salz
Sesam

Zubereitung:

1. Kichererbsen in einem Sieb abseihen und das Kichererbsenwasser auffangen.
2. Knoblauch pressen und alle Zutaten im Standmixer oder mit dem Pürierstab pürieren. Dabei esslöffelweise das Einweichwasser der Kichererbsen hinzufügen, bis eine cremige Konsistenz erreicht ist.
3. Mit Olivenöl beträufelt und mit Sesam bestreut servieren und genießen!

Curry-Hummus

Neben aller gesundheitlichen Vorteile, die uns der Hummus natur von Seite 69 bietet, punktet der Curry-Hummus noch mit wunderbaren Gewürzen, die alle vollgepackt sind mit gesundheitsförderlichen sekundären Pflanzenstoffen. Cumin, auch Kreuzkümmel genannt, soll verdauungsfördernd, entkrampfend und blähungslindernd wirken, Verstopfungen vorbeugen, entzündungshemmend, antibakteriell und antiviral sowie gegen Pilze wirken. Eine entgiftende Wirkung, verbesserte Knochendichte und Linderung von durch Arthrose bedingte Beschwerden werden ihm ebenso nachgesagt wie eine entzündungshemmende und krebsvorbeugende Wirkung. Kurkuma mit seinem gelben Farbstoff Curcumin, der auch dem Currypulver seine gelbliche Farbe verleiht, wirkt ebenfalls entzündungshemmend, ist stark gegen Krebszellen, verbessert das Gedächtnis und die Fließeigenschaften des Blutes.

Zutaten:

alle Zutaten von Hummus natur (Seite 69) und zusätzlich:
1 TL Cumin
1 ½ EL Currypulver (je nach Geschmack süß oder scharf)
1 TL Paprikapulver
1 TL Kurkuma
1 EL Kichererbsenwasser zusätzlich
1 TL Ahornsirup
Pfeffer

Zubereitung:

1. Hummus nach dem Rezept für Hummus natur auf Seite 69 zubereiten.
2. Nun alle zusätzlichen Zutaten mit in den Mixer geben und nochmal gut durchmixen.
3. Mit Salz, Pfeffer und Zitronensaft abschmecken.
4. Diese Hummus-Variante im Kühlschrank noch mindestens 1 Stunde durchziehen lassen, damit sich der volle Geschmack entfaltet.

Zitronen-Basilikum-Hummus

Auch hier gilt wieder, dass alle wunderbaren Eigenschaften des Hummus natur von Seite 69 ebenfalls auf den Zitronen-Basilikum-Hummus zutreffen. Die in diesem Rezept verarbeiteten Zitronen wirken zudem stimmungsaufhellend, entgiftend und antibakteriell. Sie versorgen den Körper mit viel Vitamin C und Mineralstoffen und wirken – anders als der Geschmack vermuten lässt – basisch auf den Körper. Die wertvolle Heilpflanze Basilikum wiederum lindert Entzündungen und Gelenkschmerzen, wirkt antibakteriell, beruhigt den Magen und entspannt den Geist. Zusätzlich bietet Basilikum viel Vitamin K, Kalzium, Eisen, Chlorophyll und Beta-Carotin.

Zutaten:

alle Zutaten von Hummus natur (Seite 69) und zusätzlich:
Saft von 1 Zitrone
2 Tropfen ätherisches Zitronenöl
2 Handvoll frisches Basilikum
1 EL getrocknetes Basilikum

Zubereitung:

1. Hummus nach dem Rezept für Hummus natur auf Seite 69 zubereiten.
2. Das frische Basilikum fein rebeln.
3. Alle Zutaten nun in einer Schüssel mit den Hummus natur vermischen.
4. Mit Salz und Zitronensaft abschmecken.

Kräuter-Frischkäse

Hanfsamen sind sehr gesund: Neben den wertvollen und entzündungshemmenden Omega-3-Fettsäuren sowie der seltenen Omega-6-Fettsäure Gamma-Linolen, die Entzündungsprozesse im Körper positiv beeinflussen kann, bieten sie jede Menge Antioxidantien sowie größere Mengen an Zink, Magnesium und Eisen. Schnittlauch und Zwiebeln enthalten Schwefelverbindungen, die entgiftend wirken, sowie das Antioxidans Quercetin, das allergischen und entzündlichen Reaktionen wirksam vorbeugen kann. Zudem beugt Quercetin der Bildung von Thrombosen vor, schützt das sogenannte „schlechte" Cholesterin vor Oxidation und beugt hohem Blutdruck und Herzrhythmusstörungen vor. Petersilie ist ebenso wie Zitronensaft eine gute Quelle für reichlich Vitamin C und Basilikum wirkt antibakteriell, entgiftend und lindert Stress.

Zutaten:

130 g Sonnenblumenkerne
70 g Hanfsamen
100 ml Wasser
5 EL Zitronensaft
1 EL Leinöl
¼ Bund Schnittlauch
¼ Bund Petersilie
¼ Bund Basilikum
½ kleine Zwiebel
1 TL Kräuter der Provence
Salz, Pfeffer

Zubereitung:

1. Sonnenblumenkerne mindestens 1 Stunde in reichlich Wasser einweichen, Einweichwasser danach wegschütten.
2. Nun die Kerne und Samen mit Zitronensaft, Wasser, Leinöl und Salz im Mixer zu einer feinen Paste pürieren.
3. Kräuter rebeln, Zwiebel fein würfeln und mit dem Leinöl unter die Sonnenblumenkern-masse heben.
4. Mit Salz und Pfeffer abschmecken und genießen!

TIPP: Auch mit diversen Wildkräutern (zum Beispiel Bärlauch, Giersch, Gänseblümchen, Brunnenkresse etc.) schmeckt der Aufstrich hervorragend!

Artischockencreme

Dieser Aufstrich schmeckt herrlich würzig und unglaublich lecker. Hier besteht absolutes Suchtpotenzial! Artischocken wirken appetitanregend, verdauungsfördernd, antioxidativ, regen die Leber- und Gallentätigkeit an und senken den Cholesterinspiegel um bis zu 12 %, was wiederum einen wichtigen Beitrag zur Herzgesundheit und zur Vorbeugung vor Arteriosklerose leistet[14]. Oliven- und Leinöl wiederum versorgen den Körper mit wertvollen und gesundheitsförderlichen Fettsäuren. Kapern senken den Blutzucker, wirken Allergien und Entzündungen entgegen und stärken das Immunsystem. In den gesunden Knospen ist zudem reichlich Quercetin enthalten, das unsere Gefäße stärkt und Entzündungen hemmt.

Zutaten:

- 1 Glas eingelegte Artischocken
- 3 TL gehackte Kapern
- 2 TL Senf
- 4 TL Zitronensaft
- 1 Knoblauchzehe
- ¼ Zwiebel
- 1 TL Olivenöl
- 1 TL Leinöl
- Salz, Pfeffer

Zubereitung:

1. Alle Zutaten bis auf die Kapern im Standmixer zu einer feinen Creme pürieren.
2. Gehackte Kapern unterheben.
3. Die Creme mit Salz und Zitronensaft abschmecken.

Würzige Champignoncreme

Champignons schmecken herrlich würzig und in Form dieses leckeren Aufstrichs schmecken sie besonders gut! Pilze liefern wertvolles Eiweiß, Ballaststoffe und eine Vielzahl an Vitaminen wie etwa Vitamin A, B und Vitamin D, das wir in unseren Breitengraden während des Winters nicht selbst über die Haut produzieren können und das wir deshalb mit der Nahrung aufnehmen müssen. Zudem können Champignons gegen Krebs wirken, wie Studien gezeigt haben; so hat etwa der Genuss von täglich nur einem halben Champignon in Studien das Brustkrebsrisiko um 64 % gesenkt, also mehr als halbiert![15]

Zutaten:

- 100 g Hanfsamen
- 100 g Tofu, natur
- 1 Zwiebel
- 1 Knoblauchzehe
- 250 g Champignons
- 2 EL Zitronensaft
- 1 – 2 TL Balsamico-Essig
- 1 EL Olivenöl
- 1 TL Majoran
- Salz, Pfeffer

Zubereitung:

1. Die Champignons putzen und in Scheiben schneiden, Zwiebel würfeln.
2. In einer Pfanne Champignons, Zwiebel und den gepressten Knoblauch mit 1 EL Olivenöl unter mehrmaligem Rühren ca. 3 Minuten scharf anbraten.
3. Danach alle Zutaten in einem starken Mixer zu einer feinen Creme pürieren.

Cashew-Kartoffelkas

Wenn ich an meine Lieblingsspeisen der Kindheit zurückdenke, nimmt Kartoffelkas einen herausragenden Platz in der Hitliste ein, zählt er doch, seit ich denken kann, zu meinen absoluten Lieblingsgerichten. Bei uns zu Hause wird der „Käse“ meistens gleich direkt aus der Schüssel gelöffelt und nur ein Bruchteil schafft es tatsächlich aufs Brot. Dieses typisch oberösterreichische Gericht ist außerhalb meiner Heimat relativ unbekannt und die meisten Menschen, die ihn noch nie probiert haben, können sich nicht einmal annähernd vorstellen, wie lecker dieser Aufstrich schmeckt! Mein Cashew-Kartoffelkas schmeckt fast wie das Original, das mit Sauerrahm zubereitet wird. Wenn ich meine Kreation auftische oder zu Festen mitbringe, merken die Allesesser meist keinen Unterschied und halten ihn für ganz normalen Kartoffelkas. Im Gegensatz zum Original ist mein kartoffeliger Aufstrich auch noch sehr gesund. Kartoffeln wirken basisch, versorgen den Körper also mit vielen Mineralstoffen wie etwa Kalium, Phosphor und Magnesium. Zudem enthalten sie nennenswerte Mengen an den Vitaminen C und B_1. Zwiebel, Knoblauch und Schnittlauch wirken entgiftend, verbessern die Fließeigenschaft des Blutes und beugen Thrombosen vor, wirken antibakteriell und antiviral und stärken die körpereigenen Abwehrkräfte. Zitronensaft liefert noch zusätzlich Vitamin C sowie herzgesundes Kalium und Cashewkerne begeistern mit ihrem hohen Gehalt an Tryptophan, aus dem der Körper das Glückshormon Serotonin herstellt.

Zutaten:

- 3 – 4 mittelgroße Kartoffeln, weichkochend
- 2 Handvoll Cashewkerne
- Wasser
- 1 Zitrone
- 1 Zwiebel
- 1 Knoblauchzehe
- 1 Bund Schnittlauch
- 1 TL Salz

Zubereitung:

1. Die Kartoffeln kochen und schälen.
2. Cashews in ein hohes, schmales Gefäß füllen und mit so viel Wasser bedecken, dass die Nüsse ca. 1 cm mit Wasser bedeckt sind.
3. Nun mit Salz und Saft einer halben Zitrone fein pürieren.
4. Die Zwiebel fein würfeln. Die Kartoffeln in ca. 1 cm dicke Scheiben schneiden.
5. In einem flachen Teller Zwiebel, Kartoffeln und Cashew-Creme vermischen und mit einer Gabel alles zerdrücken. Sollte die Mischung zu fest sein, noch etwas Wasser hinzugeben.
6. Die Knoblauchzehe pressen und mit dem in kleine Röllchen geschnittenen Schnittlauch zur Mischung geben und unterheben.
7. Mit Salz, Pfeffer und Zitronensaft abschmecken.

Liptauer

Liptauer ist ein traditioneller österreichischer Aufstrich, den man in fast jedem Heurigen bekommt. Jedes Weinlokal hat sein eigenes geheimes Rezept, wobei die Grundzutaten immer gleich sind: Quark (Topfen), Butter und Paprikapulver. Wir stellen uns für diesen rein pflanzlichen Liptauer anstelle des Milch-Quarks einen Soja-Quark her, ersetzen die Butter durch vegane Margarine und ergänzen danach die restlichen Zutaten zu einem kulinarischen Gesamtkunstwerk.

Zutaten:

1 Liter Sojamilch, ohne Zuckerzusatz
25 g vegane Margarine, ohne gehärtete Fette und Palmöl
2 TL Leinöl
1 EL Senf
2 EL Paprikapulver
1 Gewürzgurke, sehr fein gewürfelt
½ Zwiebel, sehr fein gewürfelt
¼ Bund Schnittlauch
3 EL Apfelessig
3 EL Zitronensaft
Salz, Pfeffer

Zubereitung:

1. Sojamilch in einen Topf gießen und 2 EL Zitronensaft und 3 EL Apfelessig dazugeben. Auf mittlerer Flamme ohne Umrühren ca. 5 Minuten kochen, bis sich oben eine dicke Schicht „Sojaquark“ gebildet hat.
2. Ein Küchensieb mit einem Seihtuch oder einem sauberen Geschirrtuch auslegen und die Sojamilch hineingießen. Die Masse nun etwa ½ Stunde darin austropfen und abkühlen lassen. Den Sojaquark danach aus dem Tuch löffeln.
3. Sojaquark mit 1 EL Zitronensaft, Margarine, Senf, Leinöl, Salz und Pfeffer gut verrühren, sodass keine Klümpchen mehr übrig sind. Danach das Paprikapulver einrühren.
4. Schnittlauch rebeln und anschließend mit fein gewürfelter Gewürzgurke und Zwiebel unter die Sojamasse heben.
5. Mit Salz und Pfeffer abschmecken und im Kühlschrank noch ca. 20 Minuten ziehen lassen.

Belugalinsen-Aufstrich

Linsen gehören eigentlich in unseren Breiten schon lange zum Speiseplan, obwohl die kleinen Samen bei uns zunehmend in Vergessenheit geraten sind. Dabei schmecken Linsen nicht nur gut, die kleinen Hülsenfrüchte sind auch ziemlich gesund. Sie weisen einen hohen Gehalt an Eiweißen, Ballaststoffen und komplexen Kohlenhydraten auf, sind also für eine ausgewogene Ernährung äußerst förderlich. Zudem finden sich in Linsen größere Mengen Zink für ein starkes Immunsystem, gesundes Wachstum und schöne Nägel, Haut und Haare, Lecithin für flexible und dennoch starke Zellwände, Kalium für einen funktionierenden Energiestoffwechsel, Phosphor als Baustoff für unsere Knochen und als Energielieferant, Magnesium für unsere Muskeln sowie zahlreiche Vitamine der B-Familie zur normalen Funktion von Nervensystem, Psyche und Immunsystem. Chili, Majoran, Oregano, Senf, Knoblauch und Zwiebel wirken allesamt antibakteriell, antiviral und gegen Pilze und unterstützen unser Immunsystem bei der Arbeit.

Zutaten:

- 75 g Belugalinsen
- Saft von ½ Zitrone
- 2 getrocknete Tomaten
- 1 kleine Zwiebel
- 1 Knoblauchzehe
- ½ Karotte
- 1 TL Chilipulver
- 2 TL Kokosöl
- 1 TL Oregano
- 1 TL Majoran
- 2 EL Senf
- 1 TL Ahornsirup
- 1 TL Salz
- 2 EL geriebene Walnüsse
- 1 Prise Pfeffer

Zubereitung

1. Die Linsen am besten einige Stunden in reichlich Wasser einweichen und das Einweichwasser danach abgießen.
2. Die Linsen mit der doppelten Menge Wasser zugedeckt ca. 25 Minuten weichkochen.
3. Karotte, Zwiebel und Knoblauchzehe klein schneiden und mit Kokosöl ca. 3 Minuten anrösten.

4. Gekochte Linsen mit den übrigen Zutaten, bis auf die Walnüsse, in einen leistungsstarken Standmixer oder die Küchenmaschine geben und kräftig mixen. Bei Bedarf noch etwas Wasser hinzugeben.
5. Die Walnüsse unterheben. Den Aufstrich nun noch mit Salz und Zitronensaft abschmecken und genießen!

Würziger Räucherstreich

Tofu wird gänzlich aus Sojabohnen hergestellt, welche reich an sogenannten Phytoöstrogenen (einem pflanzlichen Analog des weiblichen Sexualhormons Östrogen) sind. Sojabohnen haben in wissenschaftlichen Studien verschiedene positive Effekte gezeigt. So soll Soja etwa eine präventive Wirkung bei hormonabhängigen Tumorarten (Prostata-, Gebärmutter-, Brustkrebs) aufweisen und vorbeugend gegen Osteoporose und auch Arteriosklerose – und damit vorbeugend gegen Herzinfarkt und Schlaganfall – wirken. Zudem senken Sojabohnen wegen ihrer antioxidativen Wirkung das Krebsrisiko generell. Sie enthalten viele Ballaststoffe, Kalzium, Eisen, Magnesium, Vitamin B1 und hochwertiges pflanzliches Eiweiß.

Zutaten:

- 250 g Räuchertofu
- ½ Zwiebel
- 100 ml Wasser
- 2 EL Majoran
- 3 TL Tomatenmark
- 1 EL Estragon-Senf
- 1 TL Oregano
- 3 TL Leinöl
- 1 EL Zitronensaft
- ½ – 1 TL Salz
- Pfeffer

Zubereitung:

1. Räuchertofu und Zwiebel in Stücke schneiden.
2. Alle Zutaten in einem leistungsstarken Mixer zu einer feinen Creme pürieren.
3. Bei Bedarf noch mit Zitronensaft, Senf, Salz und Pfeffer nachwürzen.
4. Aufstrich noch mindestens ½ Stunde im Kühlschrank ziehen lassen, damit sich die Aromen voll entfalten können.

MEIN TIPP: Auch auf Crackern macht sich dieser würzige Aufstrich sehr gut.

Petersilien-Bohnencreme

Wie alle Hülsenfrüchte enthalten weiße Bohnen reichlich Ballaststoffe, sekundäre Pflanzenstoffe und hochwertiges Eiweiß. Bohnen wirken antioxidativ und können so Zellschäden und Schäden an der DNA wirksam begegnen. Auch sind sie laut Studien in der Lage, den Cholesterinspiegel wirksam zu senken. Leinöl versorgt den Körper zusätzlich mit entzündungshemmenden Omega-3-Fettsäuren, Zitronen liefern die Extraportion Vitamin C und Kurkuma liefert zusätzliche Entzündungshemmer. Petersilie ist ein hervorragender Lieferant für wertvolles Vitamin C und versorgt uns zudem noch mit Chlorophyll, dem grünen Pflanzenfarbstoff. Dieser wirkt entzündungshemmend, antioxidativ und krebshemmend.

Zutaten:

240 g weiße Bohnen (Abtropfgewicht)
30 g Cashews
½ Zitrone
½ TL Kurkuma
4 EL Wasser
1 EL Leinöl
1 Knoblauchzehe
¼ TL Salz
½ Bund Petersilie
Salz, Pfeffer

Zubereitung:

1. Cashews im Standmixer zu feinem Pulver vermahlen.
2. Bohnen abtropfen lassen und dann zusammen mit Salz, Knoblauch, Saft einer halben Zitrone, Petersilie (vorher in kleinere Stücke schneiden) und Leinöl im Standmixer oder mit dem Pürierstab zu einer sämigen Creme verarbeiten.
3. Cashewpulver unterrühren.
4. Abschmecken und gegebenenfalls noch mit Pfeffer, Salz und Zitronensaft nachwürzen.

Tomaten-Oliven-Aufstrich

Dieser Aufstrich schmeckt nach lauen Sommerabenden an der Amalfi-Küste und zaubert Urlaubsfeeling pur auf unsere Teller. Sonnenblumenkerne sind reich an Eiweiß und enthalten außerdem reichlich ungesättigte Fettsäuren. Sie liefern nennenswerte Mengen an Vitamin A, E, viele B-Vitamine inkl. Folsäure sowie Vitamin D und K. Zusätzlich punkten Sonnenblumenkerne mit viel Eisen, Kalzium, Kalium, Magnesium, Selen, Zink und Mangan. Sonnenblumenkerne wirken aufgrund der Aminosäure Tryptophan, der Vorstufe des Glückshormons Serotonin, stimmungsaufhellend und sorgen für gute Laune. Pinienkerne fördern die Blutbildung, stärken die Knochen und liefern herzgesunde Omega-3-Fettsäuren. Oliven punkten mit einer großen Menge an Antioxidantien sowie sekundären Pflanzenstoffen, können Krebs hemmen und das Alzheimer-Risiko reduzieren. Sie enthalten große Mengen an Fettsäuren, und hier vor allem die gesunde, einfach ungesättigte Ölsäure. Diese senkt das schlechte Cholesterin und erhöht das gute, was sich wiederum positiv auf Arteriosklerose und damit auf Herzinfarkt und Schlaganfall auswirkt. Tomaten punkten mit dem roten Farbstoff Lycopin. Dieser wirkt stark antioxidativ und schützt unsere Zellen vor Oxidation und damit auch unsere Haut vor vorzeitiger Hautalterung, senkt das Schlaganfall-Risiko und kann Krebs vorbeugen.

Zutaten:

50 g Sonnenblumenkerne
20 g Pinienkerne
50 g Oliven
½ Zitrone
5 TL Tomatenmark
100 ml Wasser
1 Knoblauchzehe
2 TL Basilikum, getrocknet
6 getrocknete Tomaten
½ TL Salz
½ EL Olivenöl
½ EL Leinöl
¼ TL Paprikapulver

Zubereitung:

1. Sonnenblumen- und Pinienkerne mit Wasser in ein hohes Gefäß füllen und mindestens ½ Stunde einweichen lassen. Währenddessen Knoblauch, getrocknete Tomaten und Oliven in sehr kleine Stücke schneiden. Danach Einweichwasser abgießen.

2. Den Saft der halben Zitrone mit Wasser und Salz zu den Kernen geben. Tomatenmark, Paprikapulver, Knoblauch, Leinöl, Olivenöl und ca. ein Drittel der getrockneten Tomaten hinzugeben und mit dem Pürierstab zu einer geschmeidigen Masse pürieren.
3. Restliche Tomaten, Basilikum und Oliven unterheben.
4. Aufs Brot streichen und genießen!

TIPP: Der Aufstrich eignet sich auch gut als Dip für gestifteltes Gemüse oder als Topping für Ofenkartoffeln.

Zitronige Erbsencreme

Die grünen Hülsenfrüchte haben es nicht nur geschmacklich in sich! Erbsen sind ideale Eiweißlieferanten: Ihr Proteingehalt beträgt etwa 7%. Zudem enthalten Erbsen viel Vitamin K, welches wir für die Blutgerinnung benötigen und das für feste und starke Knochen mitverantwortlich ist. Vitamin A, C und viele B-Vitamine, darunter auch Folsäure, hat die grüne Hülsenfrucht ebenso zu bieten wie Eisen, Mangan, Phosphor und Magnesium. Aufgrund des relativ hohen Ballaststoffanteils können Erbsen den Cholesterinspiegel und die Blutfettwerte senken.

Zutaten:

300 g Erbsen, frisch oder tiefgekühlt
1 mittelgroße Kartoffel, gekocht und geschält
1 Knoblauchzehe, gepresst
1 TL Leinöl
1 EL Olivenöl
3 EL Zitronensaft
Salz, Pfeffer
Tomaten zum Anrichten

Zubereitung:

1. Erbsen etwa fünf Minuten kochen, kalt abschrecken und abtropfen lassen.
2. Erbsen mit Leinöl, Olivenöl, Zitronensaft, gepresster Knoblauchzehe, Salz und Pfeffer mit dem Stabmixer pürieren.
3. Kartoffel mit einer Gabel zerdrücken und mit der Erbsenmasse gut verrühren.
4. Mit Salz, Pfeffer und Zitronensaft abschmecken.
5. Aufs Brot streichen und mit Tomatenscheiben belegt servieren.

Pikanter Paprika-Aufstrich

Die Kombination von Paprika und Walnüssen schmeckt einfach herrlich und verleiht diesem Aufstrich eine herbe Frische mit einem Hauch Süße. Walnüsse und Leinöl versorgen uns mit vielen entzündungshemmenden Omega-3-Fettsäuren und Kurkuma setzt dem noch die Entzündungshemmer-Krone auf. Roter Paprika ist äußerst reich an wertvollen Antioxidantien, darunter viel Vitamin C für ein voll funktionstüchtiges Immunsystem. Vitamin C beugt Arteriosklerose vor, verbessert die Wundheilung und Narbenbildung, trägt zu festem Bindegewebe und gesunden Knorpeln bei und verbessert die Aufnahme von Eisen.

Zutaten:

1 großer roter Gemüsepaprika
20 g Walnüsse
30 g Cashewkerne
1 EL Olivenöl
½ EL Leinöl
1 EL Zitronensaft
1 TL Kurkuma
2 TL Paprikapulver
1 Knoblauchzehe
½ TL Salz oder mehr nach Geschmack
Pfeffer

Zubereitung:

1. Zuerst die Walnüsse und Cashews im Mixer fein mahlen.
2. Danach Paprika klein schneiden und Knoblauchzehe pressen.
3. Mit den restlichen Zutaten zu den Nüssen geben und alles gut pürieren.
4. Im Kühlschrank noch ca. 20 Minuten ziehen lassen.

Mexikanischer Bohnen-Aufstrich

Bei diesem Aufstrich schmeckt man Mexiko mit jedem Bissen. Besonders authentisch schmeckt er mit Koriander garniert. Wer diesen allerdings nicht so gerne mag, kann stattdessen auch Petersilie verwenden. Kidneybohnen sind äußerst reich an Antioxidantien, schützen so unsere Zellen vor Schäden durch freie Radikale und halten unsere Zellen (und damit auch uns) lange jung und fit. Sie enthalten zudem größere Mengen an Proteinen, Ballaststoffen, Magnesium, Kalium und Folsäure. Mais und rote Paprika punkten mit viel Vitamin C, Vitamin A sowie der Extraportion sekundärer Pflanzenstoffe, die unsere Augen genauso schützen wie unser Herz.

Zutaten:

240 g Kidneybohnen (Abtropfgewicht)
1 EL Mais
1 EL rote Paprika, sehr fein gewürfelt
¼ Zwiebel, fein gewürfelt
1 EL Zitronensaft
1 TL Tomatenmark
1 TL Leinöl
1 TL Olivenöl
1 Knoblauchzehe, gepresst
1 TL Cumin
1 TL Paprikapulver
½ Bund Koriandergrün oder Petersilie
Salz, Pfeffer

Zubereitung:

1. Koriander oder Petersilie fein rebeln.
2. Bohnen abtropfen lassen und mit einer Gabel oder den Händen zerdrücken. Mit Tomatenmark, Leinöl, Olivenöl, gepresstem Knoblauch, Zitronensaft, Cumin und Paprikapulver nochmals mit einer Gabel vermischen und zerdrücken. Ist der Aufstrich zu fest, bei Bedarf noch teelöffelweise Wasser hinzugeben.
3. Mais, gewürfelte Paprika, Zwiebel und gerebelten Koriander oder Petersilie unterheben.
4. Mit Salz, Pfeffer und Zitronensaft abschmecken.

Cashew-Gurken-Creme

Dieser raffinierte Aufstrich erinnert geschmacklich an Tsatsiki und macht sich sehr gut auf dem glutenfreien Kurkuma-Brot. Hanfsamen und Leinöl bringen gesunde Omega-3-Fettsäuren ins Spiel, Gurken liefern Kalzium, Zink, Eisen, Magnesium, Kalium und Phosphor sowie die Vitamine C und E, außerdem Vitamine der B-Familie. Dill wiederum gilt als verdauungsfördernd, blähungslindernd, soll gegen Stress wirken und Menstruationsbeschwerden lindern.

Zutaten:

- 70 g Cashews
- 30 g Hanfsamen
- ca. 13 cm Gurke
- 4 EL Zitronensaft
- 1 TL Olivenöl
- 1 TL Leinöl
- 1 Knoblauchzehe
- 1 TL Salz
- 2 TL gerebelter Dill, frisch oder tiefgekühlt
- 1 TL Flohsamenschalen

Zubereitung:

1. Benötigte Gurke halbieren und eine Hälfte fein reiben.
2. Cashews und Hanfsamen im Standmixer zu feinem Pulver verarbeiten.
3. Alle Zutaten bis auf Dill und geriebene Gurke hinzufügen (also die zweite Hälfte der Gurke, Zitronensaft, Oliven- und Leinöl, Knoblauchzehe, Salz und Flohsamenschalen) und zu einer feinen Creme verarbeiten. Bei Bedarf noch etwas Wasser zugeben.
4. Dill und geriebene Gurke unterheben und im Kühlschrank noch ca. 15 Minuten ziehen lassen.
5. Mit Salz, Pfeffer und Zitronensaft nochmal abschmecken.

Sauerkraut-Aufstrich

Sauer macht lustig und ist gesund! Sauerkraut überzeugt durch den hohen Gehalt an Vitamin C und Ballaststoffen. Zudem finden sich darin massenhaft gesunde Milchsäurebakterien, die unsere Darmflora verbessern. Sauerkraut bringt unser Immunsystem auf Touren und wirkt vorbeugend gegen Krebs. Aber auch geschmacklich überzeugt dieser leckere Aufstrich mit dem gewissen Etwas.

Zutaten:

100 g Sauerkraut
50 g Sonnenblumenkerne
30 g Hanfsamen
1 TL Leinöl
1 TL Olivenöl
50 ml Sauerkrautsaft (Abtropfender Saft vom Sauerkraut!)
10 g Wasser (richtig gelesen: Gramm!)
½ TL Kurkuma
Salz, Pfeffer

Zubereitung:

1. Sauerkraut ausdrücken und Saft auffangen, eventuell mit Saft aus der Sauerkrautpackung auf 50 ml auffüllen.
2. Sonnenblumenkerne und Hanfsamen im Standmixer zu feinem Pulver verarbeiten.
3. Dieses mit Kurkuma, Leinöl, Olivenöl, Wasser und Sauerkrautsaft gut verrühren.
4. Sauerkraut klein schneiden und unter die Creme heben.
5. Mit Pfeffer und eventuell Salz nachwürzen.

Kokos-Curry-Kartoffelaufstrich

Dieser exotische Aufstrich mit leichter Kokosnote lässt unsere Geschmacksknospen jubeln! Die indischen Gewürze sind äußerst entzündungshemmend sowie antioxidativ und verleihen ihm ein unvergleichliches Aroma, das von der Kokosmilch perfekt abgerundet wird. Ganz nebenbei ist der Aufstrich auch noch ziemlich gesund. Kokosmilch ist relativ fett, aber trotzdem sehr gesund. Das in der Kokosnuss enthaltene Fett besteht zwar fast gänzlich aus ungesättigten Fettsäuren, enthält aber besonders viel Laurinsäure. Diese soll das schlechte Cholesterin senken und außerdem wichtig für unser Gehirn sein. Zudem liefert die Kokosnuss Kalium, Natrium, Eisen und Magnesium sowie die Vitamine B_1, B_2, B_3, B_4, B_6 und Vitamin E.

Zutaten:

3 – 4 mittelgroße Kartoffeln, weichkochend
100 ml Kokosmilch
2 EL Zitronensaft
½ Zwiebel
1 Knoblauchzehe, gepresst
1 TL Curry
1 TL Kurkuma
½ TL Bockshornklee, gemahlen
½ TL Garam Masala
1 TL Salz
Pfeffer
Kokosflocken zum Bestreuen

Zubereitung:

1. Die Kartoffeln kochen, schälen, halbieren und in ca. 1cm dicke Scheiben schneiden.
2. Die Zwiebel fein würfeln.
3. In einem flachen Teller alle Zutaten mit einer Gabel zerdrücken. Sollte die Mischung zu fest sein, noch etwas Kokosmilch hinzugeben.
4. Mit Salz, Pfeffer und Zitronensaft abschmecken, den Aufstrich im Kühlschrank noch etwas durchziehen lassen und mit Kokosflocken bestreut servieren.

Kürbisaufstrich

Dieser wunderbare Aufstrich ist im Herbst und Winter Dauergast auf unseren Broten und sorgt mit seinem knalligen Orange für gute Laune im tristen Grau. Kürbis liefert viel Beta-Carotin (der Vorstufe von Vitamin A), das antioxidativ wirkt, Krebszellen neutralisieren und geschädigte Hautzellen regenerieren kann, größere Mengen Kalium für einen ausgeglichenen Flüssigkeitshaushalt, Magnesium, Kalzium, Eisen und viele sättigende Ballaststoffe. Dabei sind Kürbisse sehr kalorienarm und weisen gerade mal 25 kcal pro 100 Gramm auf.

Zutaten:

500 g Hokkaido-Kürbis mit Schale
200 ml Wasser
2 EL Zitronensaft
1 EL Mandelmus
1 Knoblauchzehe
¼ TL Zimt
1 TL Kurkuma
1 TL Salz
1 TL Leinöl
Pfeffer

Zubereitung:

1. Kürbis würfeln und in den 200 ml Wasser so lange weichkochen, bis dieses komplett verdampft ist.
2. Knoblauchzehe pressen und mit gekochtem Kürbis und den restlichen Zutaten im Standmixer oder mit dem Pürierstab zu einer feinen Creme pürieren.
3. Auskühlen lassen und kalt servieren.

Süße Brotaufstriche

Schoko-Tofu-Ingwer-Creme

Schokolade ist die Frucht der Götter! Sie schmeckt unvergleichlich gut und zaubert aufgrund der großen Mengen an Tryptophan, aus dem der Körper das Glückshormon Serotonin herstellt, ein Lächeln ins Gesicht und Gelassenheit ins Gemüt. Die Inhaltsstoffe aus dem Kakao schützen das Herz, stärken das Hirn genauso wie unsere Nerven, beugen Arthritis vor und machen laut neuesten Forschungen sogar schlank! Dies führen Forscher auf die Catechine in der Schokolade zurück, die den Stoffwechsel ankurbeln. Ingwer enthält wiederum viel Vitamin C, Magnesium, Eisen, Kalzium, Kalium und Phosphor. Er gilt als verdauungsfördernd, regt die Speichel-, Magensaft- und Gallenbildung an und schützt vor Erbrechen und Übelkeit. Zudem wirkt er antibakteriell und antiviral und unterstützt so unser Immunsystem bei der Arbeit. Auch gilt er als durchblutungsfördernd und regt den Kreislauf an. So kann man ohne Reue und mit gutem Gewissen schlemmen!

Zutaten:

- 150 g Tofu natur, fest
- 20 g Kakaopulver
- 35 g Birkenzucker
- 25 g Wasser
- 15 g Kokosöl
- 2 cm frischen Ingwer
- 1 EL Ahornsirup
- Früchte zum Toppen (zum Beispiel Heidelbeeren, Bananen etc.)

Zubereitung:

1. Tofu würfeln. Ingwer schälen und fein reiben.
2. Alle Zutaten im Mixer gut pürieren, bis sich eine homogene Creme bildet.
3. Unbedingt noch ca. 30 Minuten im Kühlschrank ziehen lassen, damit sich der Geschmack entfalten kann.

TIPP: Die Creme schmeckt nicht nur auf Brot hervorragend, sondern auch als leichtes Dessert zum Löffeln. Am besten schmeckt sie mit einem Fruchtmus-Topping oder der rohköstlichen Erdbeer-Chia-Marmelade obendrauf.

Rohköstliche Erdbeer-Chia-Marmelade

Rote Erdbeeren sind für mich der Inbegriff von Sommer, Sonne und guter Laune! Als gesunde rohköstliche Marmelade schmecken sie besonders gut. Dabei sind Erdbeeren nicht nur ausgesprochen lecker, sondern auch noch ziemlich gesund. So enthalten sie mehr Vitamin C als Orangen, doch auch die restlichen Inhaltsstoffe können sich sehen lassen. Zusätzlich punktet die Beere nämlich mit viel Folsäure und Eisen zur Blutbildung, reichlich Kalzium für gesunde Knochen und Kalium und Magnesium für ein gesundes Herz. Als besonders wertvoll gilt auch die in Erdbeeren enthaltene Ellagsäure. Diese soll gegen Krebs wirken und die Fettverbrennung ankurbeln. Also nichts wie ran an diesen leckeren Aufstrich!

Zutaten:

- 250 g Erdbeeren (frisch oder tiefgekühlt)
- 1 EL Chiasamen
- 1 EL Flohsamenschalen
- 3–4 TL Birkenzucker (optional)

Zubereitung:

1. Die Erdbeeren mit den Flohsamenschalen in einem leistungsstarken Mixer pürieren.
2. Das Mus mit den Chiasamen und, je nach gewünschter Süße, mit 3–4 TL Birkenzucker vermischen und gut verrühren.
3. In ein Glas abfüllen und zum Festwerden mindestens 20 Minuten im Kühlschrank ziehen lassen.

MEIN TIPP: Der Aufstrich schmeckt auch mit anderen Beeren, wie Himbeeren, Brombeeren oder Heidelbeeren, hervorragend. Er eignet sich auch gut als fruchtige Creme zu Kuchen, Eis und Co.

Nussmus mit Früchten

Der einfachste Weg, einen gesunden und leckeren Aufstrich herzustellen, besteht darin, das Brot einfach mit Nussmus zu bestreichen. Kombiniert mit Früchten, Chiasamen und ein paar Spritzern Ahornsirup wird daraus ein süßes Erlebnis. Drei meiner liebsten Varianten möchte ich euch hier vorstellen.

Erdnuss-Bananen-Brot

Zutaten:

1 EL Erdnussmus
½ Banane
1 – 2 TL Ahornsirup nach Geschmack
1 TL Chiasamen

Mandel-Blaubeer-Brot

Zutaten:

1 EL Mandelmus
1 Handvoll Blaubeeren
1 – 2 TL Ahornsirup nach Geschmack
1 TL Hanfsamen

Cashew-Apfel-Brot

Zutaten:

1 EL Cashewmus
3 – 4 feine Apfelscheiben
1 TL Zitronensaft
¼ TL Zimt
1 – 2 TL Ahornsirup nach Geschmack
1 TL Chiasamen

Zubereitung:

1. Jeweils eine Sorte Nussmus auf das Brot streichen.
2. Banane in Scheiben schneiden und auf das Erdnussmus legen; Blaubeeren auf dem Mandelmusbrot verteilen; Apfelscheiben mit Zitronensaft und Zimt vermengen und auf das Cashewmus legen.
3. Alle drei Brote nach Belieben mit Ahornsirup beträufeln. Wem die Früchte süß genug sind, der kann den Ahornsirup auch ganz weglassen.
4. Chiasamen auf Erdnuss-Bananen-Brot und Cashew-Apfel-Brot, Hanfsamen auf Mandel-Blaubeer-Brot streuen.

Marzipan-Aufstrich à la India

Ich liebe Marzipan und in Form dieses Aufstriches liebe ich es sogar noch mehr. Denn die indischen Gewürze verwandeln die Mandelmasse in ein exotisches Geschmacksfeuerwerk, das nicht nur den Gaumen erfreut, sondern den ganzen Körper. Die verwendeten Gewürze wirken allesamt stark entzündungshemmend und können so präventiv vor vielen degenerativen Erkrankungen schützen. Mandeln sind zudem basisch und versorgen uns mit vielen wertvollen Mineralstoffen, wie etwa Kalzium, Magnesium und Kalium, den Vitaminen B und E sowie Folsäure.

Zutaten:

100 g geriebene Mandeln
30 g Hanfsamen
50 ml Wasser
1 TL Vanille, gemahlen
½ TL Zimt
2 Messerspitzen Kardamom, gemahlen
1 Messerspitze Ingwer, gemahlen
1 TL Kurkuma, gemahlen
2 EL Ahornsirup
Prise Pfeffer

Zubereitung:

1. Hanfsamen in Standmixer, Küchenmaschine oder Nussmühle mahlen.
2. Danach alle Zutaten in einer Schüssel gut miteinander vermengen. Wenn die Masse zu dick wird, noch etwas Wasser hinzufügen.
3. Im Kühlschrank noch kurz durchkühlen lassen.

Rohköstlicher Mangostreich

Mangos schmecken nicht nur köstlich nach Urlaub, sondern sind auch richtig gesund: Sie enthalten größere Mengen an Vitamin A und Beta-Carotin, einer Vorstufe von Vitamin A. Vitamin A sorgt für gesunde Augen und Schleimhäute und Beta-Carotin im Fruchtverband kann helfen, das Krebsrisiko zu senken, sowie Herz-Kreislauf-Erkrankungen und Entzündungen vorzubeugen. Zudem punktet die exotische Tropenfrucht noch mit Vitamin C für ein starkes Immunsystem, mit Vitamin E, einem starken Antioxidans, das uns jung und gesund erhält, und mit Vitamin K für starke Knochen, sowie mit Vitaminen der B-Familie, was wiederum unseren Nerven gut tut. Also nichts wie ran an diesen tropischen Aufstrich!

Zutaten:

230 g reife Mangos (frisch oder tiefgekühlt)
30 g Cashewkerne
1 TL Flohsamenschalen
2 TL Zitronensaft
1 – 2 TL Birkenzucker (optional)

Zubereitung:

1. Cashewkerne im Mixer zu feinem Pulver verarbeiten.
2. Mangos würfeln und mit Flohsamenschalen, Cashewkernpulver und Zitronensaft im Mixer zu einer feinen Creme verarbeiten. Reife Mangos sind sehr süß, darum sollte der Aufstrich eigentlich süß genug sein. War die Mango noch etwas unreif, kann man je nach Geschmack noch zusätzlich 1 – 2 TL Birkenzucker hinzugeben.
3. Im Kühlschrank noch 20 Minuten eindicken lassen.

TIPP: Der Mangostreich schmeckt übrigens auch hervorragend als süße Creme zum Dessert oder als Fruchtschicht auf Sojajoghurt.

Fußnoten

1 J Nutr. 1991 Sep;121(9):1454-61. **High protein intake promotes the growth of hepatic preneoplastic foci in Fischer #344 rats: evidence that early remodeled foci retain the potential for future growth.** Youngman LD, Campbell TC.

2 JAMA Intern Med. 2016;176(10):1453-1463. doi:10.1001/jamainternmed.2016.4182, October 2016, **Association of Animal and Plant Protein Intake With All-Cause and Cause-Specific Mortality,** Mingyang Song, MD, ScD; Teresa T. Fung, ScD; Frank B. Hu, MD, PhD; et al Walter C. Willett, MD, DrPH; Valter D. Longo, PhD; Andrew T. Chan, MD, MPH; Edward L. Giovannucci, MD, ScD

3 JAMA Intern Med. 2013 Jul 8;173(13):1230-8. doi: 10.1001/jamainternmed.2013.6473. **Vegetarian dietary patterns and mortality in Adventist Health Study 2.** Orlich MJ, Singh PN, Sabaté J, Jaceldo-Siegl K, Fan J, Knutsen S, Beeson WL, Fraser GE.

4 Nutrients. 2014, **Beyond Meatless, the Health Effects of Vegan Diets: Findings from the Adventist Cohorts.** Le LT, Sabaté J.

5 Semin Oncol. 2010 Jun;37(3):258-81. doi: 10.1053/j.seminoncol.2010.06.014.**Cancer prevention with natural compounds.** Gullett NP, Ruhul Amin AR, Bayraktar S, Pezzuto JM, Shin DM, Khuri FR, Aggarwal BB, Surh YJ, Kucuk O.

6 Clin Chem. 1986 Mar; **Dietary citric acid enhances absorption of aluminum in antacids.** Slanina P, Frech W, Ekström LG, Lööf L, Slorach S, Cedergren A.

7 Am Fam Physician. 2018 Jun 1; **Diets for Health: Goals and Guidelines.** Locke A, Schneiderhan J, Zick SM.

8 J Nutr. 2009 Jul; Epub 2009 May 6. **Regular consumption of nuts is associated with a lower risk of cardiovascular disease in women with type 2 diabetes.** Li TY et al.

9 N Engl J Med. 2018 Jun 21. Epub 2018 Jun 13. **Retraction and Republication: Primary Prevention of Cardiovascular Disease with a Mediterranean Diet.** Estruch R et al.

10 BMC Med. 2013 Jul 16; **Frequency of nut consumption and mortality risk in the PREDIMED nutrition intervention trial.** Guasch-Ferré M et al.

11 Curr Opin Lipidol. 2007 Feb; **Edible nuts and metabolic health.** Coates AM, Howe PR.

12 Am J Clin Nutr. 2014 Jul; Epub 2014 May 28. **Nutritional and health benefits of dried beans.** Messina V.

13 J Nutr. 2015 Apr; Epub 2015 Mar 4. **Flaxseed consumption may reduce blood pressure: a systematic review and meta-analysis of controlled trials.** Khalesi S, Irwin C, Schubert M.

14 Ursel Bühring: **Praxis-Lehrbuch der modernen Heilpflanzenkunde. Grundlagen – Anwendung – Therapie.** 2., überarbeitete und erweiterte Auflage. Sonntag, Stuttgart 2009, S. 517 f.

15 Zhang M et. al., **Dietary intakes of mushrooms and green tea combine to reduce the risk of breast cancer in Chinese women.,** Int J Cancer. 2009 Mar

Die Autorin

Dipl. Ing. (FH) SILKE GUGENBERGER-WACHTLER, geboren 1980, arbeitet als Grafikerin und Autorin. 2011 erkrankte sie an Krebs und heilte sich in Folge selbst von dieser schweren Erkrankung. Seither beschäftigt sie sich intensiv mit gesunder, pflanzlicher Ernährung und Naturheilkunde. Auch lebt sie seit dieser Zeit vegan und kocht und bäckt mit Leidenschaft gesunde, rein pflanzliche Leckerbissen. Silke lebt mit ihrem Sohn, ihrem Ehemann und zwei Katzen in der ländlichen Idylle in Österreich.

Im August 2015 erschien ihr erstes Buch „Poweröle kompakt“ über Aromatherapie im Selbstverlag, 2018 folgte ihr zweites Werk „Das Lavendelbuch“ und 2019 „Muffins – Vegane Versuchung“.

Mehr von Silke Gugenberger-Wachtler im Windpferd Verlag

Silke Gugenberger-Wachtler | Martha Pichler

DAS LAVENDELBUCH

Alles Wissenswerte zur Heilpflanze, Anbau, Naturheilkunde und Ernährung

ISBN 978-3-86410-182-3

Begeben Sie sich beim Lesen dieses Buches auf eine Sinnesreise durch die französische Provence. Erfahren Sie alles Wissenswerte rund um die Heilpflanze: über Anbau, Naturheilkunde und Ernährung bis hin zur Kultivierung im eigenen Garten. Der betörende Duft des bekannten Heilkrauts harmonisiert das Nervensystem, wirkt heilend auf den Körper und inspiriert zur Kreativität.
Die Autorinnen Silke Gugenberger-Wachtler und Martha Pichler stellen zahlreiche Rezepte vor und thematisieren neben dem ausführlichen Einsatz von Lavendel in der Aromatherapie auch Gesundheitsthemen der modernen Wissenschaft.

Silke Gugenberger-Wachtler

MUFFINS – Vegane Versuchung

Gesunde Köstlichkeiten für nachhaligen Genuss
Süße und herzhafte, glutenfreie, weizenfreie, zuckerreduzierte, rohköstliche Rezepte

ISBN 978-3-86410-189-2

Kleine Küchlein sind – im wahrsten Sinn des Wortes – in aller Munde. Egal ob süße Versuchung oder pikanter Genuss. Die Variationsmöglichkeiten für Muffins sind schier unendlich. Von süß bis pikant ist für jeden Geschmack etwas dabei.
Muffins lassen sich problemlos als Snack für die Schule oder Nervennahrung im Büro mitnehmen. Vegane Muffins sind ein Highlight auf Geburtstagspartys oder dem genüsslichen Sonntagsbrunch mit der Familie. Sie sind schnell und unkompliziert zubereitet. Sogar Kochmuffel können kulinarisch glänzen und ihren Liebsten wahre Gaumenfreuden bescheren. Gewürze, Früchte oder Gemüse verleihen auch sündhaften Küchlein gesundheitliche Pluspunkte. Auch das Auge isst mit: Süße Muffins mit liebevoller Dekoration lassen manches Herz höherschlagen.

Leseproben und mehr unter www.windpferd.de